Caminhando com Elias

A História de uma Jornada de Vida e de uma Alma Realizada

por: Doobie Shemer

ISBN-13: 978-0-9977438-0-7
ISBN-10: 0-9977438-0-8

"Caminhando com Elias: A História de uma Jornada de Vida e de uma Alma Realizada".
Escrito por Doobie Shemer.
Direitos Autorais © 2016 Doobie Shemer.
Todos os direitos reservados.

Traduzido do inglês por Ana Paula Silveira.
Desenho da capa © 2015 Raven Tree Design.

Sobre o autor

A incrível jornada de vida de Doobie Shemer começou em sua terra natal, o Kibutz Givat-Brener, em Israel. Ansiando explorar os propósitos da vida, ele viajou extensamente e conheceu muitas culturas – a Índia mística, o lindo Chipre - antes de fazer sua casa na Califórnia, onde está praticando o xamanismo, viajando para os outros.

Por favor, entre em contato com o Doobie se você está buscando uma compreensão ou uma revelação sobre desafios pessoais, obstáculos profissionais ou problemas de relacionamento, enviando sua pergunta através dos links abaixo:

www.walkingwithelijah.com

www.doobieshemer.com

Agradecimentos:

Gratidão sincera à Vovó Tova por me mostrar como é a verdadeira coragem, à minha mãe Elizabeth por me ensinar a questionar e ao meu pai Haim, por me guiar do céu.

Eu me sinto honrado e grato ao meu querido amigo Dana, por me introduzir ao xamanismo, e à minha amada esposa Vicky, por sua inspiração e amor.

Obrigado à Esther Bradley-DeTally pela orientação e apoio, ao meu editor Averill Buchanan e ao designer gráfico Zackary da Raven Tree Design, pelo desenho da minha capa e ilustrações de capítulo.

~Doobie.

Contenido

Prefácio: _____ vii

Introdução: *Kibutz – Crescendo no Paraíso* _____ ix

Capítulo Um: *Você é o Meu Professor?* _____ 1
   Golfinho, o Animal de Poder _____ 4
   Hilla, a Guia Espiritual _____ 10
   Elias, o Professor _____ 15

Capítulo Dois: *O que mais há lá?* _____ 19
   Urso, o meu outro Animal de Poder _____ 19
   Amarelo _____ 23
   Azul, Verde, Vermelho _____ 24

Capítulo Três: *Uma Jornada de Vida* _____ 29
   Vovó Tova _____ 30
   A Morte e o Outro Lado _____ 34
   Papai _____ 37
   "O Seu Filho é o Seu Pai" _____ 39

Capítulo Quatro: *Mente, Corpo e Alma* _____ 47
   "O que aconteceu com Sharon?" _____ 47
   Controlador, Transportador e Passageiro _____ 51

Capítulo Cinco: *Amor e Almas* _____ 57
   Amor _____ 59
   Almas Gêmeas _____ 61
   Destino _____ 63
   Almas Puras _____ 64
   Anjos _____ 64
   Profetas _____ 65

Capítulo Seis: *Os Dez Mandamentos da Alma* _____ 67

O Primeiro e o Segundo Mandamento da Alma	73
O Terceiro Mandamento da Alma	74
O Quarto Mandamento da Alma	74
O Quinto, o Sexto, o Sétimo, o Oitavo, o Nono e o Décimo Mandamento da Alma	75
Capítulo Sete: *O Papel da Complementação dos Opostos*	**77**
"O Novo Mundo": Sinfonia No. 9 (Dvořák)	78
Adágio	80
Largo	81
Scherzo	83
Allegro	84
Capítulo Oito: *Predizendo a Verdade*	**87**
Adivinhação	88
O Mundo Vermelho	93
"No Final Você Alcançará o Começo"	96

Prefácio:

Escrevendo o livro

Hilla e eu estávamos sentados na praia, no Mundo Inferior. Nós estávamos observando o Golfinho nadando ao redor, e mantendo o olho em nós. Ela silenciosamente esticou sua mão para segurar na minha.

"Hilla, nós falamos sobre escrever um livro", eu disse. "Eu quero escrever tudo para ajudar as pessoas a entenderem o que é a vida, para explicar o amor e a amizade, e porque é do jeito que é. Eu gostaria de compartilhar com os outros como realmente é, a maneira como eu vejo a vida."

"Naturalmente", ela disse. "Você vai, não se preocupe. Porém, uma coisa você precisa aprender – você não pode apressar essas coisas. Você o fará quando estiver pronto, nem um minuto antes."

"Você está certa, eu acho", eu respondi serenamente.

Ficamos em silêncio por um momento. O Golfinho aproximou-se de nós. Eu podia ver a curva do seu luminoso dorso acinzentado, enquanto ele tentava se manter no topo da água para ouvir a nossa conversa.

"Vamos falar sobre o meu livro, por favor.", eu disse.

"Claro", ela disse, e olhou para mim, sorrindo, com seus cintilantes olhos castanho-esverdeados.

"Qual será o tema do livro?"

"Bom, estamos indo para o Elias", ela disse. "Eu não sei sobre o que ele iria querer falar, o que gostaria de compartilhar com você, então, simplesmente é melhor não planejar. Nós continuaremos indo para o Elias, e a cada vez que formos, pode ser um capítulo novo, uma história nova. No final, você descobrirá que há uma espécie de conexão entre os capítulos."

"Okay, vamos ver como isso se dará", eu disse.

"Elias ajudará. Ele irá guiá-lo."

Nós sentamos em silêncio por um instante, olhando para a água verde-clara e o Golfinho.

"Eu posso ver que você tem dúvidas", ela disse, lendo a minha mente, como de costume. "Você quer escrever um livro que as pessoas gostem, que se divirtam", ela continuou. "Mas não é para isso que você o escreverá. O seu livro fará as pessoas pensarem. Ele ajudará àqueles que têm procurado por direções e respostas. Você não escreverá para agradá-los."

E, de fato, eu fiz.

Caminhando com Elias é uma coleção de jornadas xamânicas que eu vivenciei com o meu professor Elias, o Profeta. Cada capítulo fala sobre uma jornada que se relaciona com diferentes aspectos da existência.

Quando eu começo uma jornada xamânica, um tópico ou uma pergunta aparece em minha mente. Eu não tento adivinhá-la ou prevê-la; tampouco espero por respostas específicas. Eu recebo respostas imprevisíveis e surpreendentes.

Caro leitor, as jornadas xamânicas me proporcionam um prazer profundo e é o meu desejo sincero que esta seja a sua experiência também, conforme você lê *Caminhando com Elias*.

Obrigado.

Sinceramente,

Doobie.

Introdução:

Kibutz – Crescendo no Paraíso

Aqueles de vocês que cresceram em um kibutz como eu, provavelmente concordarão comigo que um kibutz não é nada além de um paraíso para as crianças. Aqueles de vocês que não tiveram tal sorte, apenas imaginem crescer no templo da natureza, onde o seu *playground* inclui uma gigantesca área de grama verde, arvoredos de laranjas, limões, abacates e outros tipos de frutas, uma floresta de imponentes árvores de eucaliptos, e onde a fragrância dos arbustos de jasmim constantemente paira no ar. Imagine um lugar onde o transporte mais comum seja alguns tratores, cavalos, mulas e um par de jumentos. Você não teme a aceleração de carros nas estradas; na verdade, não há nenhuma pista de asfalto, exceto a entrada principal. Somente as estradas de terra conectam os diferentes distritos - casas dos membros do kibutz, a área escolar, a zona industrial, os celeiros de gado, os bosques.

O kibutz era um lugar onde, durante o dia, tudo o que você podia ouvir era o som das crianças brincando e dos pássaros cantando, e durante a noite, um choro aleatório de um bebê com fome, acompanhado pelas sinfonias dos grilos e do estranho lobo solitário uivando para a lua. Este foi o cenário da minha vida e a trilha sonora da minha infância.

No kibutz, era permitido ter todos os tipos de animais de estimação, contanto que ficassem do lado de fora da casa. Em diferentes fases, eu tive coelhos, cobras (nenhuma venenosa, obviamente), ratos (somente brancos, naturalmente), abelhas (sim!), e cães e gatos. Resumindo, foi uma vida livre de preocupações – um verdadeiro paraíso.

Aos seis anos, no meu primeiro dia na escola, eu entrei na sala e encontrei o meu nome em uma mesa na segunda fileira. Eu estava sentado do lado da Mazal, uma linda morena com um rabo de cavalo, grandes olhos castanhos-avelã e um sorriso deslumbrante.

"Saudações, crianças", disse a nossa professora, Bella. "Bem-vindos à primeira série."

Ela então pediu para abrirmos as gavetas em nossas mesas. Na minha, eu encontrei uma barra de chocolate pequena; cada um recebeu uma. Eu senti alegria e felicidade; foi um momento que eu estimarei para sempre. Então a professora Bella puxou um belo bandolim marrom escuro em forma de lágrima e tocou as melodias de sua infância em Minsk, Belarus. Eu estava apaixonado, embora eu não soubesse ao certo por quem, pela surpreendente morena de seis anos sentada ao meu lado ou pela professora Bella, a feiticeira do bandolim de Minsk.

Pelo menos uma vez na semana, a professora Bella nos levava para um passeio de meio período na zona rural do nosso kibutz. Até hoje, a professora Bella, uma senhora bondosa e talentosa intérprete musical, é a minha professora favorita.

Crescer em Givat Brener, o maior kibutz em Israel, me proporcionou uma oportunidade única que vou guardar por toda a minha vida; a oportunidade de experimentar a natureza, de viver próximo a ela através do seu ciclo anual foi um presente maravilhoso.

Eu me sentia embriagado pelo perfume da flor de laranjeira, que foi sendo devastada a cada ano, quando era arrastada pelas cheias de lama e de invernos tempestuosos. Eu me sentia renascido observando a ascensão dos brotos de trigo nos campos marrons e triste quando eles lentamente secavam durante os meses de seca, antes eles tivessem tido a oportunidade de atingir seu pleno potencial. O meu coração foi preenchido de alegria quando a tia Eta me trouxe os mais adoráveis gêmeos – os pombos branco e marrom – mas eu fiquei inconsolável quando eles foram abatidos e comidos por um animal desocupado.

A natureza me ensinou que o que quer que nos seja dado, na verdade não nos pertence. Nós não possuímos, então é melhor aproveitarmos e apreciarmos enquanto durar.

Quando eu tinha treze anos, a minha família teve que deixar o kibutz. A minha mãe se divorciou do meu padrasto e nós nos mudamos para Beer Sheva, "a capital do Negev", um deserto no sul de Israel. Foi uma experiência devastadora, mas ao mesmo tempo me forçou a lidar com uma realidade mais difícil. Pela primeira vez na minha vida eu me senti assustado e inseguro. Eu tinha que conhecer novas crianças e eu não sabia como elas me tratariam. Eu seria capaz de fazer novos amigos? Eu me senti desamparado. No meu primeiro dia na escola, eu percebi que as crianças são as mesmas em todo lugar; todas elas compartilham as mesmas necessidades básicas. Todas as crianças querem apreciar a vida, conectar-se com as outras, explorar os seus próprios sentimentos, inspirar-se.

Em pouco tempo, eu aceitei a nova realidade de vida na cidade. Eu aprendi como usar o dinheiro, a atravessar as ruas apenas na faixa de pedestres e a esperar até que os semáforos ficassem verdes. Não mais vivendo no paraíso.

Eu fiz as pazes comigo mesmo e me tornei grande amigo de outras pessoas. Beer Sheva era um caldeirão de diversas nacionalidades e culturas. Eu estava fascinado pela rica cultura dos nossos vizinhos indianos. Eu me entusiasmei com a hospitalidade da família do meu bom amigo Shalom que veio da Tunísia. Nos finais de semana, Shalom e eu íamos ao mercado beduíno nos arredores de Beer Sheva, onde os beduínos negociavam camelos e carneiros. Nós dávamos uma volta entre os comerciantes de antiguidades e bebíamos pequenas xícaras de café preto forte, doce e fresco. Caminhar nesse lugar mágico me fez sentir como se eu estivesse navegando para outro planeta.

Durante as férias da escola e os feriados, eu viajava de volta para o kibutz, o único lugar onde eu podia abraçar a natureza completamente, um lugar onde eu me sentia inspirado, onde eu me sentia em casa e onde eu podia fechar os meus olhos e expirar.

Quando eu me tornei um adulto, eu vivi em Tel Aviv, com o Mediterrâneo como meu refúgio natural. Se fosse um amanhecer enevoado de inverno, ou uma quente noite de verão úmido, apenas em Gordon Beach, seja sentado na areia dourada ou flutuando no mar, eu podia verdadeiramente viver e experimentar a natureza outra vez. Mesmo os breves minutos me reanimavam ao nascer do sol no meu caminho para o trabalho, ou no pôr do sol no meu caminho de volta para casa. Desde que eu saí de Israel em 1993, eu fui afortunado por ter vivido em diversos países - EUA, Chipre e, por um período curto, India - e fiquei fascinado por aquelas culturas. Carregando a alegria do kibutz dentro de mim por todo lugar onde eu fosse, procurava por aquele paraíso externo e interno, fosse o magnífico St. Louis, o parque da floresta de Missouri, as encantadoras florestas de pinheiros no topo das montanhas de Troodos no Chipre, a selva mágica e selvagem de Kerala no sul da Índia, o Ganges sagrado em Varanasi, ou o místico Templo Dourado em Amritsar, no norte da Índia.

Em todos os lugares que eu tenho visitado e em todas as culturas nas quais tenho sido exposto, eu não pude deixar de notar que, independentemente da nacionalidade ou da religião, nós todos, em algum momento de nossas vidas, pausamos para prestar atenção. Alguns prendem sua respiração, alguns começam a se perguntar, outros questionam sua existência – por que estamos aqui? Qual é a nossa finalidade?

Eu não fui uma exceção. Eu alcancei determinado estágio da minha vida e senti que eu faltava algo que eu não conseguia descrever. Eu não podia tocá-lo, mas um sentimento agitado de estar incompleto dominou a minha existência inteira.

Na época, eu estava morando em St. Louis. Eu tinha quarenta e cinco anos, gostava do meu trabalho como engenheiro de computação, e eu tinha praticamente tudo que uma pessoa de classe média queria ou precisava. Ainda assim, havia um incômodo vazio dentro de mim. Então, no inverno de 1997, eu ouvi falar sobre um *workshop* de dois dias sobre xamanismo em Nova Orleans. Esse *workshop* – daquele final de semana - mudou a minha vida completamente.

Após o *workshop*, eu retornei a St. Louis e me enfiei de novo no meu estilo de vida viciado em trabalho, setenta horas por semana, e na rotina familiar. Mas a vida não era para ser rotineira para mim. Aquele *workshop* xamânico despertou uma semente espiritual em mim que começou a brotar. Ela criou uma ânsia em mim por mais. Eu ansiava por mudança e uma maneira alternativa de viver a minha vida. Eu pratiquei viagens xamânicas, estudei Reiki e me tornei um mestre Reiki, estudei o Tai Chi. Eu fui de almoços e jantares cheios de carne para saladas verdes. Os alimentos orgânicos apareceram no meu prato mais e mais frequentemente.

Um pouco sobre xamanismo. A palavra "xamã" deriva-se dos povos Siberianos do Tungus e significa "aquele que sabe." Isso descreve os seus curadores e as pessoas da medicina. Os xamãs fazem uma viagem espiritual a três dimensões – Mundos Inferiores, Medianos e Superiores - para finalidades de cura e para receber respostas às perguntas. Ao praticar as viagens espirituais xamânicas, você pode se encontrar com os seus Animais de Poder, Guias Espirituais e Professores em um destes três mundos.

Nos próximos capítulos, eu compartilho a minha experiência pessoal durante aquele fim de semana em Nova Orleans, e as incríveis viagens de quando eu me encontrei com o Golfinho e o Urso, os meus Animais de Poder, a surpreendente Hilla, minha Guia Espiritual, e o meu Professor Elias, o Profeta, que é a razão principal pela qual eu sigo o caminho do xamanismo.

A minha esperança, querido leitor, é que as minhas palavras não sejam levadas superficialmente. Eu sou obrigado a compartilhar com você esta mudança dramática em minha vida. Foi uma enorme mudança de incompletude para um sentimento de realização e felicidade.

Em setembro 2001, eu me mudei para a linda ilha de Chipre, onde eu morei por extraordinários quatro anos. Nos primeiros dois anos eu morei em Amathus, uma pequena aldeia pictórica suspensa em um penhasco bem acima do profundo azul Mediterrâneo. Pelos outros dois anos lá eu aluguei uma pequena e acolhedora casa na encantadora vila de Saitas, nas montanhas de Troodos. A alta e pródiga Pinus Nigra cercava a minha casa, os pinheiros negros que generosamente compartilhavam a sua sombra durante os dias quentes de verão, e forneciam abrigo caloroso durante as noites frias do inverno.

A beleza natural de Chipre aumentou a minha vontade de dividir e doar, e eu comecei a ensinar Reiki aos domingos e Tai Chi nas quintas-feiras á noite. Eu continuei o meu desenvolvimento xamânico e viajava para aqueles que buscavam ou que pediam respostas, claridade e orientação espiritual. Eu executava estas tarefas sem nenhum custo, permitindo-me assim o momento para se concentrar em dar e compartilhar. Quanto mais que eu compartilhava, mais confiante eu me sentia de que estava seguindo o caminho certo para o meu próprio crescimento espiritual.

〜〜 — 〜〜

Mas a vida não era para ser rotineira para mim. Aquele workshop xamânico despertou uma semente espiritual em mim que começou a brotar. Criou um desejo em mim por mais. Eu ansiava por mudança e uma maneira alternativa de viver a minha vida. Eu pratiquei viagens xamânicas, estudei Reiki e me tornei um mestre Reiki, estudei o Tai Chi. Eu fui de almoços e jantares cheios de carne para saladas verdes. Os alimentos orgânicos apareceram no meu prato mais e mais frequentemente.

〜〜 — 〜〜

Capítulo Um:

Você é o Meu Professor?

~~~ — ~~~

Nova Orleans estava ensolarada naquele quente dia de inverno, enquanto nós atravessamos o estacionamento vazio em direção à encantadora loja *New Age*. Eu estava animado, ciente de que eu estava enfrentando o desconhecido, algo que despertou minha curiosidade insaciável. Mal sabia eu que todo o curso da minha vida estava prestes a mudar.

Algumas semanas antes, em um frio e sombrio domingo à tarde em St. Louis, uma amiga e eu estávamos sentados no Grind, um aconchegante café no Central West End. Ela estava falando sobre as aulas de antropologia que tinha na Universidade Pública, quando de repente ela se lembrou de algo.

"Doobie, você já ouviu falar sobre xamanismo?", ela perguntou, pegando sua caneca de café.

"Não, eu não ouvi." eu disse, franzindo a testa para ela sobre o meu expresso duplo.

"Eu estou indo a um *workshop* de Introdução ao Xamaninsmo em Nova Orleans daqui a três semanas", ela explicou. "Eu adoraria que você viesse comigo. Tenho certeza de que você iria gostar. Nós poderíamos ficar em um hotel e voltar para casa no domingo à noite."

Eu amo ir para Nova Orleans, principalmente por seus excelentes frutos do mar frescos.

"Okay", eu disse. "Eu irei com você – com uma condição. Nós temos que jantar no meu restaurante de frutos do mar favorito, o Pelican Club." Eu estava desejando as ostras frescas, os deliciosos camarões e as vieiras ao molho de limão e manteiga, finalizando com lagosta no vapor.

"Acho que isso é um sim", ela disse, as linhas enrugaram ao redor dos olhos castanhos dela enquanto ela sorria para mim.

Três semanas depois, eu a busquei na sexta-feira à tarde. Enquanto íamos para o sul ao longo da I-55, passando por Memphis, eu virei para ela e disse "A propósito, o que é xamanismo? Eu sequer sei como soletrar isso."

"Eu não sei", ela disse me pegando de surpresa. Ela não sabia no que estávamos entrando? "Foi este folhetinho vermelho aqui que despertou o meu interesse." Ela puxou um pedaço de papel dobrado do bolso do casaco.

"Okay, eu vou lê-lo na próxima parada", eu disse.

Como se viu, o folheto não revelava muito. Sua explicação passou pela minha cabeça, e eu não fiquei de todo intrigado.

Viajar ao sul para Louisiana era o paraíso. Ainda era inverno lá, mas comparada a congelante St. Louis, onde você pode ver sua respiração sair da sua boca, Louisiana era quase tropical. Nós nos dirigimos a uma loja *New Age* nos arredores de Nova Orleans.

Na manhã de sábado, após um leve café da manhã em um restaurante próximo, nós saímos para o *workshop*. Depois de uma viagem curta, nós estacionamos em uma vaga do estacionamento de um centro comercial e caminhamos em direção à loja *New Age*, uma antiga galeria dupla que ficava à sombra de uma maravilhosa árvore de carvalho. O prédio tinha amplas varandas em toda a fachada frontal, em todos os níveis, apoiadas por colunas altas e arredondadas. Cada andar tinha janelas largas que pareciam ser olhos, concedendo muita luz natural para dentro da casa.

A porta da loja estava aberta. Nós andamos pelo extenso assoalho de madeira e seguimos o sinal em direção à parte de trás da loja. As prateleiras lá estavam cheias de livros. Todos os tipos de livros de meditação do Extremo Oriente enchia a estante do lado direito, chegando até o teto. Os livros de Auto-Cura e de nutrição saudável estavam do lado esquerdo, organizados ordenadamente na estante junto à parede. Sons suaves de uma fonte de água enchiam o ar, junto com o aroma do chá de ervas que estava sendo feito em uma chaleira oriental graciosamente projetada, que estava em uma pequena mesa de madeira ao lado das escadas que conduziam ao segundo andar. Eu vi maços de cartas de Tarot em uma prateleira sob uma janela no canto. Cristais de cura e quartzos colocados em vasilhas de vidro estavam espalhados ao redor. "Oi! Bom dia", disse um homem com uma voz profunda. "Procurando pelo *workshop*?" Seu sorriso amigável resplandeceu como se nós compartilhássemos um segredo. "O meu nome é Ken. Esta é a minha esposa Betty, e nós somos os donos desta loja."

"Bom dia para vocês também", eu disse. "Sim, nós estamos aqui para o *workshop* de Introdução ao Xamanismo."

Imediatamente nos sentimos bem-vindos e em casa. Betty gentilmente nos serviu chá preto do Himalaia acabado de fazer e nós nos sentamos em cadeiras confortavelmente almofadadas em torno de uma mesa perto da janela, olhando para a rua. Parecia calmante.

Então Ken disse, "vamos até o segundo andar e conhecer o grupo."

Nós subimos as estreitas escadas de madeira e entramos em uma sala espaçosa, que irradiava calor e aconchego. Aproximadamente quinze pessoas estavam sentadas na sala; a maioria eram mulheres. Algumas se sentaram no chão e outras se encostaram na parede. A luz da manhã veio através das sombras encobertas nas janelas. Eu me senti verdadeiramente relaxado e confortável.

Algumas pessoas falavam baixinho enquanto outras preparavam seu espaço de prática com cobertores, travesseiros, tambores e chocalhos. Eu gostei da atmosfera e pressenti a antecipação do desconhecido no ar. Olhando para trás, eu percebo que eu senti como se algo muito emocionante estava prestes a acontecer.

Golfinho, o Animal de Poder

Um homem caminhou até a frente da sala. Ele usava confortáveis roupas de algodão. Conforme ele se abaixou no chão, colocou um chocalho decorado com penas coloridas do seu lado direito, um grande tambor redondo em sua frente e vários ícones de animais de madeira, um urso, uma raposa, uma águia e um golfinho - em um pequeno cobertor indígena à sua esquerda. Um caderno de capa escura sentou em seu colo. Eu segui os movimentos dele. Ele fechou os olhos e meditou um pouco.

Ele abriu os olhos e acendeu uma pequena vela em sua frente. Ele olhou ao redor da sala como se estivesse lendo os nossos corações e mentes. Eu observei que todos estavam em silêncio. Então ele sorriu e disse, "bem-vindos a Nova Orleans, e bem-vindos a este *workshop* de Introdução ao Xamanismo. O meu nome é Dana e eu serei o seu facilitador."

Os olhos dele examinavam o grupo. "Por que nós não circulamos e nos apresentamos, compartilhamos com o grupo o porquê de você estar aqui, e o quais são as suas expectativas."

Eu me senti um pouco nervoso. Algumas pessoas disseram "Eu quero praticar o xamanismo. Eu quero me ajudar e quero ajudar os outros." Outros disseram "Este não é o nosso primeiro *workshop*, mas estamos um pouco confusos depois de participar do *workshop* anterior. Nós não achamos que estamos fazendo isso direito."

Eu não tinha ideia do que na terra eles estavam falando. A minha amiga também não sabia; ela estava com um olhar vazio que dizia "vamos sair daqui."

Minha vez. Eu olhei ao redor. Eles eram todos americanos. Eles tinham tudo preparado com agradáveis tapetes coloridos feitos à mão com símbolos geométricos neles. Alguns trouxeram cobertores com imagens de animais e de totens indígenas. Eles tinham chocalhos e penas. Todos olharam para mim, e até mesmo a vela na frente do Dana parecia apontar para mim, um parente israelense recém-chegado ao país.

"A minha amiga" – eu apontei para a minha amiga à minha direita - "me trouxe aqui e eu estou realmente ansioso por um jantar de frutos do mar mais tarde no The Pelican Club, onde o peixe derrete na boca."

Todos riram e o Dana seguiu para a próxima pessoa.

Eu me sentei no meu secular tapete azul escuro de yoga. Perto de mim, em um vívido tapete listrado verde-alaranjado sentou John, um gentil hippie de olhos azuis do Mississippi que tinha um longo rabo de cavalo grisalho cobrindo suas costas. Ele esteve em *workshops* de Introdução ao Xamanismo antes, mas não teve êxito em sua jornada ao Mundo Inferior. Na minha frente, Louis e Alice estavam sentados em um macio cobertor marrom e amarelo com grandes sorrisos em seus olhos. Eles eram Afro-Americanos de Baton Rouge, Louisiana. Eles têm praticado o xamanismo há algum tempo, e este *workshop* foi o seu presente a Matthew, seu filho de dezoito anos de idade, que tinham trazido. Do outro lado da sala, dividindo um colorido tapete psicodélico vermelho e roxo, sentaram Rachel e Annabel, duas amigas da cidade de Panamá, Florida. Era a primeira vez delas na experiência do xamanismo também.

Daquele momento em diante, Dana teve a minha inteira atenção. Eu estava fascinado. A minha mente estava cativada por cada palavra, e o meu lápis acelerava ao longo da página como um antigo escriba persa. Afinal, o que poderia ser mais divertido e emocionante do que passar uma manhã do fim de semana perseguindo espíritos em outros mundos e festejando na grande cozinha crioula à noite?

Eu olhei para os outros rostos. Todos pareciam focados em si mesmos, esperando vivenciar algo fora do comum. A sala estava silenciosa.

Dana nos falou sobre o xamanismo e como tem sido praticado ao redor do mundo em lugares como a Sibéria, o Peru e a Austrália. Eu fiquei intrigado com a maneira que ele descreveu o xamanismo. Era como se eu tivesse entrado em um lugar secreto, um lugar que eu nunca tinha visitado antes, contudo um lugar que me fazia sentir em casa. Eu nunca tinha me sentido assim antes.

A voz do Dana interrompeu os meus pensamentos: "Nos próximos minutos nós começaremos a nossa jornada ao Mundo Inferior, e lá nós nos encontraremos com o nosso Animal de Poder. Em seguida, quando for a hora certa, nós viajaremos, ainda no Mundo Inferior, para nos encontrarmos com os nossas Guias Espirituais."

Ele olhou para nós, todos ainda sentados. Ninguém disse nada.

"Para praticar o xamanismo regularmente, deve-se primeiramente conhecer os seus guias. Eles estão sempre lá nos outros mundos para nós. Nós só precisamos 'ir' e encontrá-los. O método é bem simples. Nós nos deitaremos no chão, e eu começarei a tocar o meu tambor. Vocês viajarão ao som do meu tambor." Ele demonstrou um som de percussão agradável, suave, monótono que ressoava com o ritmo natural da respiração e do coração batendo. Este ritmo vibrou profundamente no meu corpo. Ele despertou uma sensação estranha dentro de mim, algo familiar, quase como se estivesse conectado a uma camada oculta, tocada há muito tempo, lá no fundo.

Então a voz do Dana ficou rouca e baixa: "Vocês se deitarão com seus olhos fechados. Quando vocês ouvirem o som do tambor, nós começaremos. Visualizem a superfície da Terra e então procurem uma entrada, algo que sugirá como uma abertura na superfície da Terra. Depois de encontrarem a abertura, entrem nela e viajem dentro do espaço aberto, para baixo, no Mundo Inferior. Lá, vocês viajarão até encontrar um animal, qualquer animal, pequeno ou grande, na terra ou no mar - uma raposa, uma cobra, um tigre, um pássaro, uma baleia. Perguntem a este animal, 'você é o meu Animal de Poder?' Se a resposta for 'sim'", Dana continuou, "vocês retornarão exatamente da maneira que entraram. Abram os olhos e façam anotações sobre esta viagem. Papel e canetas estão na mesa. Façam isto em silêncio, pois os outros ainda podem estar viajando. Para aqueles que não encontraram o seu animal, continuem viajando no Mundo Inferior até que vocês encontrem o seu Animal de Poder que esperam por vocês. Quando vocês retornarem, sentem-se silenciosamente e anotem os seus pensamentos e sensações. Descrevam a experiência da sua primeira viagem xamânica." Ele pausou. "Isso é tudo! Isso concluirá a sua primeira viagem."

A sala estava em silêncio. Aquela sensação estranha em mim não iria diminuir, e de algum modo eu me senti reconectado aos lugares profundamente enraizados da infância, ainda vivos em minha alma.

Eu deitei no meu tapete de yoga, que estava duro, mas eu não me importei. Ainda calmo, um pouco animado, eu cobri meus olhos e respirei fundo. Eu me senti grudado no chão. As batidas do tambor do Dana pareciam suaves, e então os sons aumentaram, quase saltando para o teto. O som do tambor lentamente penetrou em mim, seu ritmo constante me preencheu até que eu me senti uno com ele. Então eu encontrei a minha abertura para o Mundo Inferior.

Eu estava acima de um oceano, olhando para a profunda água cristalina, e eu vi um reflexo meu na água verde-esmeralda clara, bem profundo, no fundo do oceano. Eu me vi de pé na beira de um pequeno orifício no fundo do oceano – evidentemente era a minha abertura para o Mundo Inferior.

Sem mais delongas, eu mergulhei através do buraco em um enorme toboágua que espiralava profundamente no Mundo Inferior. Eu fiquei emocionado e aproveitei cada momento. Mas o divertido passeio terminou de repente, conforme eu deslizei direto em uma pequena piscina redonda, com cerca de nove metros de diâmetro, fixada em uma caverna com o teto curvado. Eu fiquei na piscina, com água até a minha cintura, sentindo uma enorme sensação de alegria misturada com curiosidade. Eu estava de frente para três pequenas portas de madeira montadas na parede da caverna. As portas eram do tamanho do Hobbit, com os topos arqueados que se curvavam para se encaixar na forma da caverna. Cada porta tinha um botão pequeno de metal à sua esquerda. A porta do meio estava bem aberta; as duas portas fechadas estavam cobertas com poeira, e a lama estava empilhada na frente delas. Era como se aquelas duas portas estivessem fechadas por muito tempo.

A luz pálida estava vindo através da porta aberta. Eu senti como se eu estivesse sendo puxado para esta luz. Eu saí da piscina redonda e caminhei através da porta do meio que estava aberta para a luz. Eu não podia ver muito, mas eu continuei a me empurrar para frente, e assim que a caverna sombria ficou para trás, eu fiquei espantado ao ver a costa do oceano na minha frente. A areia em que eu pisava os pés descalços parecia seda. Eu caminhava lentamente e, estranhamente, não deixava pegadas. Era como se os meus pés estivessem embalados no amor. Palmeiras pontilhavam a paisagem e o oceano esmeralda brilhava e reluzia.

Eu fui preenchido com um sentimento crescente de admiração enquanto eu estava na borda desse oceano deslumbrante. De repente, um lindo golfinho veio em minha direção, suas lustrosas costas acinzentadas arqueando para fora da água. O golfinho olhou para mim e sorriu, feliz em me ver - sim, ele sorriu realmente. Eu estava atordoado. A minha garganta vibrava enquanto uma pergunta de dentro de mim surgiu.

"Você é o meu Animal de Poder?", eu perguntei.

"Sim", ele respondeu. "O meu nome é Golfinho."

"Obrigado", eu disse.

Ele levantou o seu magnífico corpo brilhante para fora da água, sacudindo gotas de água e pairou verticalmente, sua cauda tocando apenas a superfície. Ele se inclinou mais perto de mim, e eu podia sentir o cheiro do perfume de água salgada da sua pele lisa. Ele me olhou nos olhos, sorriu, virou sua cabeça para a água e, em seguida, desapareceu no oceano. Foi um momento que eu recordarei para sempre. Eu me senti seguro, livre e feliz, e eu não queria sair daquele lugar lindo. Eu tinha conhecido o meu Animal de Poder, o Golfinho.

Relutantemente, eu me virei para voltar da mesma maneira que eu tinha vindo e cheguei de volta à sala para me encontrar deitado no tapete de yoga no chão de madeira. Eu estava de volta à nossa dimensão; Dana ainda estava tocando o tambor.

Eu ainda estava no chão, mas a minha mente explodiu, superada pela incrível experiência. O que foi aquilo? Eu pensei incredulamente. O que foi essa viagem, essa experiência que eu acabei de passar? Eu senti que se eu tentasse racionalizar ou explicar, arruinaria a experiência inteira. Eu abri meus olhos. Apenas quatro minutos tinham passado. Eu levantei a minha cabeça e olhei para os corpos inertes que estavam deitados perto de mim, ainda viajando. Um pouco depois, Dana acelerou o rufo, um sinal para todos nós terminarmos nossas viagens. Então, alguns minutos depois, ele parou de rufar.

Capítulo I

Um por um, todos abriram seus olhos, sentaram e começaram a fazer anotações. Nós todos ainda estávamos sob a influência de nossa experiência recente, mas lentamente começamos a conversar.

"Eu conheci um lindo lobo", alguém disse, com grande alegria em sua voz.

"Não deu. Eu não consegui encontrar uma entrada para o Mundo Inferior", eu ouvi outra pessoa dizer com grande tristeza.

Outros sentaram com uma expressão séria em seus rostos e não disseram nada. Os sons suaves das conversas pairaram como uma nuvem baixa sobre a sala. Parecia estranho estar lá, em um lugar que eu tinha acabado de conhecer, com pessoas que eu nunca tinha encontrado antes, no entanto nós todos acabamos compartilhando uma poderosa experiência espiritual. Parecia estranho, mas foi também a primeira vez que eu senti que estava fazendo algo diferente, algo emocionante, algo que eu gostaria de repetir.

Eu olhei para os olhos fechados do Dana e para o tambor ao lado dele. Estaria ele escutando as conversas na sala? Como se eu tivesse falado o meu pensamento em voz alta, ele abriu os olhos, examinou a sala e aguardou por silêncio. Ele começou a nos contar mais sobre os xamãs, o que eles fizeram pela tribo, para o seu povo. Então ele perguntou, "quem gostaria de compartilhar sua viagem com o grupo?"

Somente duas pessoas se ofereceram. Eu fiquei surpreso ao ouvir que poucos participantes não conseguiram encontrar seu Mundo Inferior; eles disseram que não conseguiram encontrar uma abertura na Terra. Eu hesitei. Será que eu deveria contar para o Dana e demais sobre a minha viagem? Eu deveria compartilhar sobre o Golfinho?

Quando o Dana pediu mais uma vez um voluntário, eu levantei minha mão. Havia um silêncio completo na sala quando eu contei a eles sobre a minha viagem com grandes detalhes. Eu fiquei emocionado por eu, Doobie Shemer, o *kibbutznik* do Kibbutz Givat Brener em Israel, estar humildemente sentado em Nova Orleans contando a todos na sala sobre como eu tinha encontrado a minha abertura ao Mundo Inferior, descrevendo a lâmina de água, a porta na caverna, como eu tinha conhecido o Golfinho, e como foi maravilhoso viajar.

De repente, um lindo golfinho veio em minha direção, suas elegantes costas acinzentadas arqueando para fora da água. O golfinho olhou para mim e sorriu, feliz em me ver - sim, ele sorriu realmente. Eu estava atordoado. A minha garganta vibrava enquanto uma pergunta de dentro de mim surgiu.
"Você é o meu Animal de Poder?", eu perguntei.
"Sim", ele respondeu. "O meu nome é Golfinho."
"Obrigado", eu disse.

Hilla, a Guia Espiritual

Depois de uma pausa curta, nos reunimos e voltamos para os nossos lugares no chão. Nós deitamos em nossos tapetes, alguns se cobriram com cobertores, e todos nós fechamos os olhos prontos para nossa próxima viagem – de volta ao Mundo Inferior. Desta vez, nós iríamos encontrar o nosso Guia Espiritual – um espírito humano. Uma sensação de entusiasmo pulsava ao redor da sala. Todos nós sabíamos a pergunta que iríamos perguntar: "Você é o meu Guia Espiritual?" Se a resposta fosse "sim", nós iríamos voltar e fazer anotações. Se a resposta fosse "não", nós iríamos continuar a nossa viagem.

Eu não podia esperar. Um elevado estado de maravilha me envolveu como um macio cobertor branco. Eu instruí o meu corpo para ficar parado e os meus ouvidos ajustados à batida do tambor do Dana. Uma brancura me cobriu, e dentro de segundos eu estava de volta ao fundo do oceano. Eu entrei pela mesma abertura, nadei no escorregador espiralado direto para a caverna com três portas e saí da porta aberta para a linda praia. O oceano espumante se estendia em direção ao horizonte e eu fui atraído para a visão do golfinho brincando ao longo da costa.

Eu me lembro claramente que não houve nenhuma conversa, mas tinha um sentido definido de sabedoria e interconexão. A calma tomou conta de mim; era o tipo de sentimento que você quer que dure para sempre. Era como se o Golfinho e eu nos conhecêssemos por toda a eternidade.

Eu me levantei e caminhei em direção às palmeiras para procurar o meu Guia Espiritual. Eu olhei para o Golfinho e, enquanto ele lia o meu silencioso pedido de ajuda, ele virou para mim e disse, "espere, ela logo estará aqui."

Eu fiquei onde estava, tocando na excepcional areia brilhante da praia, e na pura e clara água do mar. Eu vi as lustrosas curvas do Golfinho enquanto ele arqueava e mergulhava rapidamente no oceano. De repente, uma aura azul emanou atrás de mim na areia. O que foi aquilo? Eu virei e olhei de mais perto. Cartas de baralho apareciam gradualmente como se alguém as estivesse soltando na areia. Elas ficavam em pé verticalmente na brilhante areia branca a algumas polegadas umas das outras, linha após linha delas na praia inteira. Eu engoli seco e olhei para elas; eu nunca tinha visto nem imaginado nada parecido com isso.

Cada carta era tão alta quanto eu e tinha cerca de um metro e vinte de largura, e mostrava a imagem de um rosto humano. Na carta da minha frente, eu claramente podia ver um homem velho olhando para o lado por cima do meu ombro esquerdo. Seu longo cabelo grisalho cobria a maior parte da superfície da carta. Ele era inexpressivo, mas eu podia sentir a sua presença; um forte senso de sabedoria emanava dele. Este era alguém que eu podia confiar para me guiar, para me salvar. Eu estava atordoado e não conseguia falar. Eu precisava de ajuda.

O Golfinho nadou perto da borda da praia. "Fale com elas", ele disse.

Eu me virei para enfrentar as cartas, preparando-me para fazer-lhe perguntas. Então uma mulher saiu de uma das cartas e caminhou em minha direção sutilmente. Ela tinha longos e lisos cabelos de seda pretos e pele morena escura, e seu longo vestido marrom escuro agarrado ao seu corpo esguio. Ela parou a alguns passos na minha frente, olhou bem nos meus olhos e esperou que eu dissesse alguma coisa. Era como se eu estivesse esperando para conhecê-la por toda a minha vida, como se ela fosse alguém que eu precisasse em minha vida, mas não soubesse até agora. Seus penetrantes olhos negros me paralisaram e eu me senti calmo e tranquilo.

"Você é a minha Guia Espiritual?" Eu finalmente perguntei.

"Sim", ela disse e sorriu. "O meu nome é Hilla."

Eu era incapaz de me mover ou falar; ondas de humildade tomaram conta de mim.

"Eu sou a sua Guia Espiritual", ela continuou. Os olhos dela, mudando profundamente de cor, tons suaves de marrom e verde, penetravam no meu próprio ser.

Eu estava preenchido com delicada energia, calor e amor. Perto dos pés de Hilla, meio enterradas na pura areia branca, eu vi três rochas grandes sobressaindo. A rocha da esquerda era avermelhada, com tons de vermelho escuro através dela; a rocha do meio era de uma cor azul profunda, como um céu de verão; a terceira rocha, à direita, era um verde vívido, a cor da grama fresca ao alvorecer.

Nada era comum ou normal, não mais – o vermelho já não era apenas vermelho; o azul e o verde eram muito mais do que isso - estas cores eram de outras dimensões. Eu senti um impulso infantil de me abaixar e pegar uma das rochas.

"Não há necessidade de pegá-las", disse Hilla suavemente.

Eu parei, surpreso, e olhei para ela.

"Você já as tem. Elas estão dentro de você", ela explicou.

"Dentro de mim? O que são elas?" Eu perguntei.

"A rocha azul é a pedra da cura, a verde é a pedra da energia, e a vermelha é a pedra do amor", Hilla respondeu.

Então ela virou e se afastou de mim; hipnotizado, eu a observei desaparecer da vista na floresta de palmeiras.

Eu quis permanecer; eu não queria que esta experiência esclarecedora e de tirar o fôlego acabasse. Mas eu sabia que a minha missão tinha acabado por enquanto. Então eu virei para viajar de volta à sala e despertei para encontrar o Dana ainda rufando. Outra vez, todos os outros pareciam ainda estar viajando. Eu abri os meus olhos e olhei para os corpos deitados.

Naquele momento, eu soube que a minha vida nunca mais seria a mesma. Eu deitei ali no chão de madeira daquela loja *New Age*, ouvindo batidas de tambor xamânicas e os sons suaves de uma manhã de Nova Orleans, saboreando o aroma do chá recentemente preparado, e eu soube, no fundo da minha alma, que algo incrível tinha acontecido. Eu sabia que era uma experiência espiritual que eu não deveria questionar, tentar racionalizar ou justificar. Eu soube também que era algo que eu queria explorar mais e desenvolver.

Gradualmente os demais participantes se sentaram e começaram a fazer anotações. As batidas de tambor pararam, e o Dana leu alguns parágrafos sobre xamanismo de um livro marrom, de capa dura, *The Way of the Shaman*. Ele nos explicou o que um xamã faria em uma tribo para ajudar a curar a doença, encontrar o alimento e mesmo como lidar com as tribos rivais. Ele então perguntou se alguém gostaria de compartilhar a experiência de sua viagem. Desta vez, mais pessoas estavam abertas a compartilhar. Eu não podia esperar para contar a todos sobre o encontro com Hilla.

Era hora de fazer uma pausa para o almoço. Nós descemos para o primeiro andar onde tivemos sopa de lentilha quente e pão fresco, o almoço mais saboroso que já tive por algum tempo. Deve haver alguma coisa nas experiências espirituais que aumenta a fome física. Quando eu terminei o meu almoço, eu me sentei em uma janela grande para processar o que tinha acontecido naquela manhã. Eu me senti elevado e feliz, de uma maneira que eu não sentia há muito tempo. Eu estava ansioso para viajar mais, para experimentar mais.

Quando a hora do almoço acabou, nós retornamos à sala de meditação e nos sentamos em nossos lugares, prontos para a nossa próxima viagem.

"Alguém tem alguma pergunta?", Dana perguntou antes de começarmos.

John, o *hippie* de Mississipi, levantou sua mão. "Posso comentar?", ele perguntou. "Claro", respondeu Dana, sorrindo para ele.

"Eu quero agradecer o Doobie", John disse. "Eu estive em dois *workshops* de Introdução ao Xamanismo antes, mas eu nunca consegui completar uma única viagem. Cada vez que eu começava, eu alcançava um poço coberto com água azul escura e apenas ficava ao lado dele sem saber o que fazer." Então ele olhou para mim, com os olhos brilhando. Eu fiquei surpreso; eu não sabia o que dizer. Então ele olhou para o Dana, e continuou: "Mas depois que eu ouvi a viagem do Doobie sobre a abertura no fundo do oceano, eu percebi que eu apenas tenho que mergulhar no poço. Então, na minha última viagem, eu mergulhei na água destemidamente e, pela primeira vez, eu consegui terminar a minha viagem para encontrar o meu Animal de Poder, um lindo Jaguar." John virou para mim. "Obrigado", ele disse.

Eu sorri para ele. Eu podia ver o alívio em seu rosto. Eu me senti humilde, agora grande alegria e felicidade preenchiam todo o meu ser.

"Obrigado John", disse Dana. "E agora é hora de viajar ao Mundo Superior. Lá vocês encontrarão o seu Professor Espiritual. Para atravessar para o Mundo Superior, vocês precisam levitar sobre o Mundo Médio. Eventualmente vocês sentirão uma membrana. Vocês precisam passar através da membrana para o outro lado, para o Mundo Superior. Uma vez no Mundo Superior, vocês podem começar sua busca e mais uma vez vocês farão aquela pergunta maravilhosa: 'você é o meu Professor Espiritual?' Se a resposta for 'sim', então façam uma outra pergunta: 'Você tem uma mensagem para o grupo?' Se a resposta for 'não', então continuem a procurar pelo seu professor."

Depois de encontrar o meu Animal de Poder e a minha Guia Espiritual no Mundo Inferior, eu estava animado e cheio de expectativa, mas eu também estava inquieto sobre esta viagem ao Mundo Superior para encontrar o meu professor. Quão diferente seria a experiência às duas viagens anteriores; quão diferente seria em relação ao encontro com o Golfinho e a Hilla? Mal sabia eu.

O tambor pulsava e as batidas penetravam profundamente no meu corpo enquanto o Dana nos conduzia em nossa terceira viagem. Eu me senti aliviado. Eu estava pronto.

〜〜 —— 〜〜

"Não há necessidade de pegá-las", disse Hilla, suavemente.
Eu parei, surpreso, e olhei para ela.
"Você já as tem. Elas estão dentro de você", ela explicou.
"Dentro de mim? O que são elas?", eu perguntei.
"A rocha azul é a pedra da cura, a verde é a pedra da energia, e a vermelha é a pedra do amor", Hilla respondeu.

〜〜 —— 〜〜

Capítulo I

Elias, o Professor

Eu me empurrei para cima através de uma espessa camada de nuvem e caí em uma macia superfície branca de algodão. O silêncio prevaleceu. Tudo o que eu podia ouvir era o som da minha própria respiração. Lentamente, eu virei para o olhar em volta e me encontrei no centro de um vasto espaço branco. Parecia divino. Eu não tinha uma noção de tempo e espaço. Eu estava envolto por uma brancura infinita, nada além da brancura. "Esta é uma queda de neve celeste nunca derretida", eu pensei.

Nunca em minha vida eu tinha testemunhado tamanha glória e magnificência. O silêncio profundo tinha uma presença poderosa; uma sensação surpreendente de poder irradiava e dominava, naquele denso silêncio. Eu dei um passo a frente sem nenhum sentido de direção ou expectativa. A palavra "Professor" continuou batendo no meu coração.

O ar ao meu redor era muito fresco, frio e tonificante. De repente, a forma de alguma coisa alta apareceu na minha frente. Conforme eu continuava a andar, a visão se cristalizava na parede de um gigante palácio branco, e eu me vi em pé na frente de um imenso e brilhante portão de mármore branco, com portas individuais. O portão estava fechado. À esquerda do portão estava uma cadeira grande de mármore branco. Conforme eu chegava mais perto, eu percebia o meu espanto pelo fato de o mármore estar vivo. Ele não se moveu exatamente, mas delicadamente vibrou e brilhou, e dentro deste mármore eu vi brancas, enevoadas e flutuantes nuvens brancas, que pareciam sólidas ao toque.

Esta cena inteira – o palácio, o portão e a cadeira – parecia uma escultura viva de gelo criada por um artista minimalista com um forte senso do divino. A escultura irradiava poder, e eu fiquei parado e enraizado. Era como se eu estivesse no lugar mais sagrado do universo. Então eu ouvi uma voz.

"O rei se senta nesta cadeira."

"Que rei?", eu respondi espontaneamente.

"O Rei Guardião", a voz respondeu.

Eu não sabia com quem eu estava falando – eu não conseguia

ver ninguém - mas eu tinha uma forte sensação de outra entidade se aproximando. Eu virei para a direita, e lá, de fato, eu vi a vaga silhueta de uma figura humana se aproximando gradualmente para fora da brancura enevoada. Alguém estava caminhando em minha direção através do gigante portão fechado.

Primeiro, eu vi o seu rosto, e então notei a longa barba branca que cobria a maior parte do rosto. Eu fiquei paralisado; eu mal podia respirar. Quanto mais perto ele chegava, mais detalhes apareciam. Ele era tão alto quanto eu e estava vestido com uma longa toga de algodão branca. Ele parou a alguns passos na minha frente, com seus olhos fechados; o seu rosto irradiava eminência, divindade, glória. Enquanto nos encarávamos, uma sensação de outro mundanismo percorreu todo o meu corpo.

A presença desta pessoa me eletrificava. Ele irradiava tanta energia e tamanho poder, e mesmo assim ele parecia vestido de calma. Eu estava chocado, como se eu tivesse sido atingido por um raio. Pela primeira vez eu experimentei o sentido completo do "*irat kavod*", uma frase hebraica que poderia ser traduzida livremente como "o respeito temível": eu estava preenchido com imenso respeito por este homem, contudo me senti profundamente humilde e com apenas um pouco de medo. Nunca antes eu tinha experimentado emoções como estas na presença de outra pessoa.

Ele lentamente levantou a cabeça, seu longo cabelo branco graciosamente emoldurando seu rosto majestoso. Ele abriu os olhos e olhou direto nos meus. Ele não se moveu e nem disse uma palavra. Eu estava completamente hipnotizado enquanto ele estava olhando para mim. Levei um tempo para recuperar os meus sentidos. A experiência era demais para absorver e eu me senti oprimido. Tudo o que eu queria era sair de lá, mas eu não conseguia me mexer.

Depois do que parecia ser para sempre, eu encontrei de algum modo a coragem para falar. "Você é o Meu Professor?", eu perguntei.

"Sim, eu sou", ele respondeu.

A presença dele era avassaladora. Sua energia me envolvia. Eu queria sair, mas de repente eu me lembrei de que eu tinha outra pergunta para fazer a ele. "Você tem uma mensagem para o grupo?"

"Sim", ele respondeu. "Diga a eles que existe um céu."

Capítulo I

Eu me senti aliviado enquanto eu virava para sair. Mas sua voz trêmula me parou.

"E diga a eles que todo mundo tem um anjo da guarda", ele disse.

Eu olhei para ele por um instante e, com um pouco da presença de espírito que tinha sobrado, eu o agradeci.

Fascinado, eu comecei a ir embora e então me ocorreu que – o meu professor era Elias, o grande Profeta, o mesmo Elias que foi levado por um redemoinho com uma carruagem e cavalos de fogo para o céu. Ele tinha vivido no Monte Carmelo, no norte de Israel. Foi assim que Elias e eu nos encontramos pela primeira vez. Depois deste encontro, e toda vez que eu viajo para me encontrar com o Elias, eu sinto a mesma sensação poderosa outra vez. Eu sei que eu estou diante da presença de um poder superior; esta pessoa santa me mostra o meu verdadeiro lugar neste mundo e no universo.

Em todas as nossas conversas, eu faço perguntas ao Elias que estão relacionadas à nossa existência e ao nosso propósito na vida. Algumas são filosóficas enquanto outras são pessoais. Mesmo que as nossas conversas sejam curtas e diretas, cada uma é interessante e totalmente significativa.

Elias não é efusivo. Eternas palavras de sabedoria partem de seus lábios. Ele não dá informação adicional a menos que eu peça. Com o Elias, eu posso escolher a direção em que caminhamos e a profundidade da nossa discussão. Cada conversa é totalmente imprevisível. Na maioria das vezes, Elias é muito sério; eu nunca consigo prever o humor dele ou a reação às minhas perguntas. Algumas vezes, ele é impaciente; outras vezes, ele é cínico. Raramente ele sorri. Sempre que eu preciso de um conselho, ele está lá por mim.

A maioria das minhas viagens é para o Mundo Inferior – para o Golfinho e a Hilla. Eu também viajo para os amigos e família, a pedido deles, para receber respostas sobre trabalhos e outros assuntos. Mas quando surgem perguntas filosóficas, eu viajo para o Mundo Superior – para o Elias.

Eu tenho feito muitas viagens ao Mundo Inferior, para o Golfinho e a Hilla, e por alguma razão, há algumas coisas que eu nunca perguntei a eles. Às vezes, eles decidem que é melhor o Elias responder as minhas perguntas.

Caminhando com Elias não é nem sobre mim nem sobre o Elias. Mais precisamente, é sobre todos nós, sobre as nossas vidas e a nossa existência. Nós somos todos seres humanos que sabem que estamos aqui para viver, mas sem saber o que existia antes de nós, ou o que será depois de nós. Nós estamos verdadeiramente apaixonados por nossa busca para compreender o sentido de nossa existência, para aprender por que estamos aqui e descobrir a nossa finalidade. Eu dedico a minhas viagens para encontrar as respostas a todas estas perguntas, apenas por caminhar com Elias.

A presença desta pessoa me eletrificava. Ele irradiava tanta energia e tamanho poder, e mesmo assim ele parecia vestido de calma. Eu estava chocado, como se eu tivesse sido atingido por um raio. Pela primeira vez, eu experimentei o sentido completo do "irat kavod", uma frase hebraica que poderia ser traduzida livremente como "o respeito temível": eu estava preenchido com imenso respeito por este homem, contudo me senti profundamente humilde e com apenas um pouco de medo. Nunca antes eu tinha experimentado emoções como esta na presença de outra pessoa.

"Sim", ele respondeu. "Diga a eles que existe um céu." Eu me senti aliviado enquanto eu virava para sair. Mas sua voz trêmula me parou. "E diga a eles que todo mundo tem um anjo da guarda", ele disse.

Capítulo Dois:

O que mais há lá?

~~~ — ~~~

Urso, o meu outro Animal de Poder

Eu deslizei na abertura preta no fundo do oceano e mergulhei na lâmina da água. Um delicioso sentimento de alegria me preenchia enquanto eu deslizava para o Mundo Inferior. Eu saí da piscina de água e olhei na direção da caverna. Novamente, somente a porta do meio estava aberta. Mas desta vez, quando eu atravessei a porta arqueada que estava aberta, eu entrei em um lugar escuro; eu sabia que eu não tinha alcançado a costa familiar do oceano. De fato, logo que a sombra da caverna ficou atrás de mim, eu fiquei surpreso ao me encontrar em uma floresta mágica.

As árvores estavam bizarramente no formato: todas elas tinham três ou mais troncos conectados a curtos galhos horizontais nus, e cada tronco, quase no seu topo, estava coberto com milhares de folhas, as folhas mais estranhas que eu já vi. Elas eram de belos tons de verde, alguns verde-claros, quase amarelos, outras eram verde-escuras. Todas eram finas como agulhas e extremamente longas - mais de quinze metros de comprimento. O chão estava coberto com lisa grama verde-clara. Sob as árvores, eu notei grandes cogumelos branco-arroxeados, espalhados pelo chão. Eles tinham caules enormes e suas partes superiores tinham a forma de troféus de cabeça para baixo. De repente, pálidos raios de sol amarelos romperam o dossel da floresta de folhas em forma de agulha. Eu olhei de novo para o chão e notei um gigante urso polar branco sentado ao lado da porta da caverna, tomando sol na luz mesclada. Ele me encarou, seus grandes e penetrantes olhos escuros me observavam como se estivesse medindo os meus passos e lendo os meus pensamentos. Seus olhos me hipnotizavam, e conforme eu caminhava na direção dele, o meu coração acelerava.

Ele parecia magnífico, majestoso, com sua brilhante pele peluda branca como a neve. Enquanto eu caminhava em sua direção, a paisagem ao redor dele desapareceu de repente. A presença dele era poderosa, contudo quieta e pacífica. Eu sabia que ele estava me esperando; eu não senti medo. Eu continuei indo até ele, até que eu parei alguns passos na frente dele. Ele não se moveu, mas continuou olhando para mim. Seus olhos escuros eram grandes piscinas de bondade e sabedoria nas quais eu queria pular e estar imerso para sempre. Eu me senti atraído por sua presença magnética e não resisti.

Você já teve a sensação, ao conhecer alguém, de que era alguém que você estava esperando para conhecer e que ele era o seu melhor amigo perdido há muito tempo - alguém que você podia confiar incondicionalmente? Foi assim que eu me senti no momento em que eu olhei nos delicados olhos escuros do meu incrível e enorme amigo urso.

Este era o Urso, o meu outro Animal de Poder, que esperou por mim ali até que eu precisasse dele. Eu subi sem esforço em suas reluzentes costas brancas, me agarrei em sua pele peluda, e ele me levou a uma grande floresta enevoada. A partir daí, o Urso se tornou meu companheiro e transportador; nós voamos e mergulhamos sobre muitas terras, e exploramos muitos mundos juntos.

Nós chegamos à praia. A ausência de Hilla era perceptível. Eu não sabia onde ela estava, e eu fui inundado de tristeza. Eu sentia falta dela. Ao longe, eu vi o Golfinho nadando em nossa direção, deslizando através das ondas do mar. Quando ele alcançou a praia nós nos abraçamos com alegria, e eu me sentei na costa. Eu não tinha que explicar por que eu estava lá; ambos, o Urso e o Golfinho sabiam. Eu tinha uma pergunta - "o que há lá em cima, acima da camada branca?" - e eles sugeriram que o Elias seria a melhor pessoa para responder a minha pergunta. Então eu sentei nas costas do Urso e lá fomos nós.

O nosso voo pareceu rápido. Nós voamos graciosamente sobre a superfície familiar do Mundo Branco de volta para o lugar silencioso de quietude sagrada e poder.

O Golfinho apareceu momentos depois, roçando a superfície da névoa branca leitosa, e nós três fomos juntos para o palácio branco sem dizer uma palavra, em respeito ao silêncio profundo.

O gigante, brilhante portão branco de mármore estava bem aberto desta vez, nos dando boas-vindas para entrarmos no palácio. Nós passamos pelo portão e entramos em um jardim. Na nossa frente, na distância que eu via o palácio, um magnífico edifício branco com sete torres altas de mármore branco idênticas, com as partes superiores pontudas, as torres estavam enfileiradas igualmente distantes ao longo da frente do edifício. Estranhamente, o palácio não parecia ter nenhuma porta ou janela. O jardim entre o palácio e o portão estava quase vazio. Apenas dentro do portão, à esquerda, estava uma grande mesa com bancos em cada lado. Ambos, mesa e bancos eram feitos de mármore branco translúcido. Seus topos eram lisos e seus pés belamente esculpidos. À direita, na metade do caminho para o palácio, havia uma pequena cabana de mármore branco. Eu não via ninguém, mas eu pressentia uma presença poderosa e sentia a energia fluir ao nosso redor. Eu não tinha nenhuma ideia do que poderia ser.

Então, uma força incrivelmente poderosa puxou o meu olhar do palácio de volta à mesa branca. Eu pressenti uma presença imperial, alguém magnífico. Elias estava sentado à nossa espera no banco de pedra à nossa frente. Eu não podia ver nada atrás dele; ele estava completamente cercado pelo vazio branco. Ele virou e gesticulou com sua mão sobre a mesa branca, convidando-me para sentar. Humildemente, eu abaixei os meus olhos e sentei-me silenciosamente no banco na frente dele. O Urso e o Golfinho permaneceram atrás de mim, respeitosamente cientes do momento. Eu olhei dentro dos olhos do Elias.

Como eu posso descrever aqueles olhos? Suas pupilas escuras eram fontes de sabedoria, conhecimento e discernimento. Ele olhou para mim tão intensamente que eu senti que ele tinha lido o meu rosto, meu corpo, minha mente, minha alma. Um sentimento de maravilha penetrou em minha mente. Será que eu iria me acostumar com este magnífico olhar penetrante dele? Eu podia sentir os corações do Urso e do Golfinho pulsando atrás de mim. Nada se movia ao nosso redor; nenhum de nós se moveu. Nada foi dito. Eu sabia que o Elias falaria quando fosse a hora certa.

Os olhos do Elias pareciam emanar a luz do sol. Ele parecia como se tivesse sido criado por um mestre escultor, esculpido do mais requintado mármore branco no universo. Nenhum som saiu de sua boca, mas os lábios bem fechados se esticaram em um sorriso. Durante os meus anos caminhando com Elias, eu tenho aprendido que eu não preciso usar a minha voz. Elias pode ler os meus pensamentos.

～～ — ～～

Eu olhei de novo para o chão e notei um gigante urso polar branco sentado ao lado da porta da caverna, tomando sol na luz mesclada. Ele me encarou, seus grandes e penetrantes olhos escuros me observavam como se estivesse medindo os meus passos e lendo os meus pensamentos. Seus olhos me hipnotizavam, e enquanto eu caminhava na direção dele, o meu coração acelerava.

～～ — ～～

Capítulo II

Amarelo

De repente, corpos celestes surgiram ao longe, na névoa. Eles estavam vindo em nossa direção, acima de nossas cabeças. Eram corpos celestes de tamanha luz que eu nunca tinha visto antes. Alguns eram grandes como planetas, como aqueles que eu tinha visto no planetário. No início, eles eram amarelos, a cor dos narcisos na primeira flor, em seguida, eles se fundiram em um grande cosmos amarelo que foi preenchido com formas amareladas, como serpentes sem cabeça, flutuando e se cruzando umas com as outras.

Confuso, eu olhei para o Elias. Nenhuma palavra foi dita, mas ele "ouviu" a minha pergunta, "o que é este cosmos amarelo?" Ele repetiu a minha pergunta silenciosa e parou, fechou os olhos e pareceu ir fundo dentro de si em busca da maneira mais sábia de responder. Finalmente, ele respondeu.

"Este Mundo Branco, onde estamos agora, é onde todas as almas residem. Toda alma sobe para o Mundo Branco depois que sai da Terra. Elas vêm aqui para estar com as outras almas. As almas vêm aqui para se reconectar com as almas com as quais se envolveram enquanto estavam na terra. Elas vêm para estudar o que têm realizado e determinar o que precisam trabalhar na próxima vez que viajarem à Terra. Nós estamos agora onde vocês humanos chamam de céu. Todas as almas vêm aqui primeiro, e daqui elas voltam para a Terra para juntar-se a um novo corpo humano, enquanto este humano for destinado a viver."

Eu olhei ao meu redor; não era como eu tinha imaginado que o céu seria – brancura infinita! Apesar disso, os sentimentos e as sensações que eu estava experimentando não podiam ser mais celestiais. Era tudo tão puro, tão relaxante.

"E quanto ao Mundo Amarelo?", eu perguntei.

"Almas novas são criadas no Mundo Amarelo. Também as almas que precisam se recuperar, se renovar e se curar podem vir ao Mundo Amarelo. Uma vez recuperadas, as almas voltam ao Mundo Branco ou se mudam para outros planetas." Elias parou para que eu pudesse digerir o que ele tinha acabado de dizer.

Eu apenas sentei lá e escutei, tentando compreender o que eu tinha acabado de ver e ouvir. Elias permaneceu em silêncio. Ele não tinha se movido desde que chegamos. Sua toga branca cobria seu corpo, como se o protegendo de ser tocado, mantendo-o distante de todos.

"Outros planetas?", eu perguntei. "Que outros planetas?"

~~~ — ~~~

"Este Mundo Branco, onde estamos agora, é onde todas as almas residem. Toda alma sobe para o Mundo Branco depois que sai da terra. Elas vêm aqui para estar com as outras almas. As almas vêm aqui para se reconectar com almas com as quais se envolveram enquanto estavam na terra. Elas vêm para estudar o que têm realizado e determinar o que precisam trabalhar na próxima vez que viajarem à Terra. Nós estamos agora onde vocês, humanos, chamam de céu. Todas as almas vêm aqui primeiro, e daqui elas voltam para a Terra para juntar-se a um novo corpo humano, enquanto este humano for destinado a viver."

~~~ — ~~~

Azul, Verde, Vermelho

Elias não disse uma palavra. O Mundo Amarelo desapareceu e foi substituído pela imagem de um Mundo Azul. Este Mundo Azul não parecia tão bem definido quanto o Mundo Amarelo, ainda que também possuísse as mesmas figuras de serpentes, em diferentes tons de azul, flutuando e cruzando-se umas com as outras. Parecia como um tremendo movimento de energia, energia em todos os tons de azul - do turquesa a um profundo ultramarino — me cercando e emanando uma presença amável.

De repente, o azul se tornou verde, e um novo Mundo Verde completo apareceu diante dos meus olhos. Este novo cosmos continha as formas das serpentes sem cabeça se contorcendo por dentro, assim como o cosmos amarelo e azul, só que elas estavam em diferentes tons de verde. Alguns minutos se passaram e o Mundo Verde mudou para vermelho. Este vermelho era intenso e poderoso, como a lava quente que é lançada de um vulcão em erupção, e outra vez havia o mesmo padrão de serpente, mas agora em tons de vermelho.

Durante todo o tempo, eu estava preso ao chão, fascinado pelas magníficas visões - e então eu fui atingido! Estas eram as mesmas cores das três rochas na praia de areia branca onde eu me encontrei com a Hilla pela primeira vez. Ela havia me dito que a pedra vermelha era o amor, a verde era a energia e a azul era a cura. Eu me lembrei de que tentei pegá-las, e ela me disse que não tinha necessidade; "Você já as tem. Elas estão dentro de você", ela tinha dito.

Mas será que eu estava certo em pensar que haveria uma conexão entre aquelas pedras e estes três cosmos coloridos? E se houvesse uma conexão, então por quê? Eu não tinha certeza. Esta introdução colorida ao Mundo Amarelo e aos outros três era uma forma do Elias explicar coisas para mim – de se comunicar pela visualização ao invés de falar. Eu sabia que detalhes adicionais viriam a seguir.

"Você viu isso?", perguntou Elias, com sua profunda e familiar voz vibrante vinda do outro lado da grande mesa branca.

"Sim", eu respondi. "Eu vi os Mundos Azul, Verde e Vermelho. O que são eles?"

"O Azul é o planeta da cura. O Verde é o planeta da energia. O Vermelho é o planeta do amor, o planeta do Criador. Cada planeta fornece uma fonte e manancial diferente para as necessidades individuais de uma alma. A alma se conecta com estes três reinos coloridos quando na terra e aqui, no Mundo Branco", explicou Elias. "Quando uma alma reside no corpo humano, ela continua conectada a estes três planetas, através dos centros de energia do corpo – o que vocês chamam de chakras. O papel destes centros de energia é duplo. Em primeiro lugar, eles conectam as almas aos três planetas, o vermelho, o verde e o azul. Em segundo lugar, eles permitem que o corpo físico e a alma se integrem e funcionem plenamente em conjunto."

Isso fez sentido, e eu não estava surpreso. Eu imediatamente senti como se eu tivesse ganhado uma imagem mais completa - talvez a imagem inteira. Nós somos corpo, mente e espírito, e nenhum destes aspectos de nós funcionam completamente sozinhos; cada um tem um efeito sobre o outro. A alma é o canal entre os chakras e o planeta correspondente. O Chakra Básico conecta ao Mundo Vermelho, a fonte do amor, que conecta ao criador. O Chakra Cardíaco conecta ao Mundo Verde, a fonte de energia, e o Chakra Laríngeo conecta ao Mundo Azul, onde a cura acontece.

"O Amor é a energia mais poderosa; nenhuma alma pode existir sem ele, na terra ou no Mundo Branco", disse Elias, levantando sua voz para enfatizar a importância do que dizia. "O Amor vem do Mundo Vermelho, do próprio Criador. É a fonte da criação para a humanidade em ambos os níveis, físico e espiritual. Por sua vez, a energia do Mundo Verde é o que faz toda a natureza evoluir e a mantém conectada à fonte. Uma vez criada pelo amor, a energia se mantém viva."

Eu olhei em volta e, ao longe, tomava todo o palácio branco com suas torres. Era tão pacífico, este silêncio profundo ao nosso redor. Se este é o lugar onde as almas estão, como é que eu não vejo nenhuma? Eu quis saber.

Elias continuou falando.

"A cura com a sua cor azul é o que permite que toda vida se cure, regenere e renove. Uma vez que as coisas vivas são criadas pelo vermelho, energizadas pelo verde e curadas pelo azul, elas são capazes de realizar o seu propósito. Cada um dos chakras do corpo é um micro planeta que existe dentro do corpo enquanto a alma estiver presente. Existem mais de três chakras. O papel dos outros chakras é similar ao dos três principais, o vermelho, o verde e o azul; a cor deles é uma mistura dos três principais, assim como o papel deles. No Mundo Branco, as almas são curadas e energizadas, conectando-se diretamente com o mundo colorido apropriado. No Mundo Branco, uma alma se recupera e assimila as lições aprendidas ao viver na Terra conectando-se aos Mundos Verde e Azul. Quando uma alma foi gravemente ferida ou traumatizada e requer grande recuperação, ela se conecta ao amor, ao Mundo Vermelho."

Eu senti as palavras do Elias perfurarem o âmago da minha alma. Ele levantou a cabeça e olhou profundamente dentro dos meus olhos. Eu senti que ele estava se conectando a algo que eu não sabia que existia em mim. Um arrepio percorreu ao longo da minha espinha. Como em todas as minhas caminhadas com Elias, eu fiquei espantado e dominado pela informação inesperada que eu aprendi. Eu queria ouvir mais, mas eu sentia que esta viagem em particular tinha acabado.

"Obrigado", eu finalmente consegui sussurrar.

Os olhos do Elias penetravam a minha alma como se ele estivesse medindo a minha capacidade de lidar com a magnitude das percepções e fatos que ele havia revelado para mim. Eu levantei a minha cabeça e olhei ao redor. Eu mal conseguia ver qualquer coisa no nebuloso jardim branco, mas era tão pacífico. O Urso e o Golfinho ainda estavam atrás de mim, silenciosamente esperando o término da viagem. Eu virei para o Elias. Seus olhos estavam fechados e seu rosto inexpressivo. Eu me levantei e me afastei, mantendo os meus olhos fixos nele, até que eu me juntei ao Urso e ao Golfinho. Juntos, nós voltamos para o portão. No portão, eu parei e olhei para trás. Elias tinha desaparecido. A mesa de mármore branco brilhava em seu vazio profundo.

"O Azul é o planeta da cura. O Verde é o planeta da energia. O Vermelho é o planeta do amor, o planeta do Criador. Cada planeta fornece uma fonte e manancial diferente para as necessidades individuais de uma alma. A alma se conecta com estes três reinos coloridos quando na terra e aqui, no Mundo Branco", explicou Elias. "Quando uma alma reside no corpo humano, ela continua conectada a estes três planetas, através dos centros de energia do corpo – o que vocês chamam de chakras. O papel destes centros de energia é duplo. Em primeiro lugar, eles conectam as almas aos três planetas, o vermelho, o verde e o azul. Em segundo lugar, eles permitem que o corpo físico e a alma se integrem e funcionem plenamente em conjunto."

Capítulo Três:

Uma Jornada de Vida

Nós nascemos; vivemos nossas vidas; morremos jovens; morremos na meia idade; morremos em idade avançada. Este conhecimento repousa dentro de nós - nas nossas células e em nossos corações. Nós possuímos esse conhecimento inato, mas não falamos sobre morrer, não é? Mas ainda existem tantas perguntas não respondidas. Qual é a natureza do ser humano? Qual é a natureza da forma humana? Por que isso acontece dessa maneira? Qual foi a intenção do Criador ao conceber desta forma? Por que a existência se materializa desta forma – nascimento, vida e morte? Em outras palavras, qual é o propósito da nossa realidade física?

Vovó Tova

Eu faço essas perguntas com uma consciência coletiva universal que percorre como uma linha através das gerações anteriores e atuais. O Holocausto ficou gravado no meu código genético. Haim, o meu pai, e a mãe dele, Tova, foram os únicos de uma família de sete crianças que sobreviveram ao Holocausto Nazista. Ambos fugiram dos campos de concentração nazistas para Israel. Alguns anos depois eles vieram morar em Tel Aviv. No verão de 1950, Haim era um alto e encantador jovem com olhos azuis, e ele se apaixonou por Elizabeth, uma linda loira de olhos verdes, que era uma jovem refugiada de Belgrade, Ioguslávia. Eles se casaram, e um ano depois o meu irmão Arye nasceu. Eu não precisei esperar muito tempo; eu nasci um ano depois, em julho de 1952.

Quando eu tinha três meses, o meu pai morreu, deixando uma jovem esposa arrasada, o meu irmão e eu. A morte dele traumatizou sua mãe, a minha avó Tova. Vovó nasceu em Latvia. Ela tinha 1,82 de altura e sua pele estava sempre bronzeada. Seus olhos constantemente refletiam uma bondade sem fim, ainda que com profunda tristeza.

Ela trabalhava em uma padaria próxima ao antigo terminal de ônibus central em Tel Aviv. Durante a minha infância, nós morávamos no kibutz Givat Brener. Todo mês, a vovó Tova vinha nos visitar e trazia uma porção de doces recém-assados – deliciosos cones recheados com um fresco creme branco. Eu me lembro de como o meu irmão e eu esperávamos pelo "*Iegul*" (o círculo), a única parada de ônibus, nas tardes de sexta-feira, por volta das três, procurando pelo rosto dela nas janelas dos ônibus. Como ficávamos tristes quando a saía a última pessoa do ônibus, e percebíamos que ela não viria naquela sexta-feira. Mas nas outras sextas, quando ela vinha, ficávamos muito entusiasmados para vê-la. Ela descia os degraus com cuidado e sorria para nós. Para não perder tempo, descaradamente, nós tirávamos os deliciosos cones recheados de creme da bolsa dela. A vovó Tova nunca nos decepcionou.

Mais tarde, a nossa família veio morar em Tel Aviv, e como um adolescente, eu visitava a vovó Tova em seu apartamento de dois quartos. Nós nos sentávamos lado a lado em sua sacada nas tardes de sexta-feira, onde ela preparava um doce chá preto quente. Então nós líamos o jornal do final de semana. A vovó lia o jornal ídiche e eu lia o jornal hebraico, o *Maariv*. Depois de uns instantes, ela dizia *"Achshav kushat"*, uma mistura de hebraico e russo, que significa "coma agora", e eu sabia que era hora de sua apetitosa e acolhedora sopa de frango com pão ázimo. Eu achava que era o néctar dos Deuses!

A vovó Tova falava apenas russo e ídiche, e conseguia falar hebraico de forma limitada. Eu falava apenas hebraico, então ela gesticulava muito com suas grandes mãos desgastadas de tanto trabalho. Apesar das nossas dificuldades de linguagem, ela lia o meu coração e eu lia o dela. Histórias transbordavam da vovó Tova sobre como ela e Haim, o meu pai, fizeram para escapar dos nazistas. Às vezes, a voz dela era profundamente triste e cansada; outras vezes ela parecia orgulhosa. Então ela levou a mão para dentro do bolso do robe e puxou uma antiga foto preta e branca que estava amassada e amarelada nas pontas. Ela segurou esta foto como se estivesse segurando um objeto sagrado e murmurou "Haim! Oh Haim!", e então ela chorou. Eu sabia que ela amava o meu pai; ela sentia uma tremenda falta dele.

Então eu me tornei jovem e me casei. A minha esposa e eu moramos no Kiryat Menachem, um calmo e agradável subúrbio situado no topo de uma montanha nos arredores de Jerusalém. Nas noites iluminadas, eu podia ver as luzes brilhantes da Sagrada Jerusalém. A cada dois meses, a vovó Tova carregava duas cestas grandes verdes de plástico transbordando de vegetais e frutas recentemente colhidas que ela tinha comprado no raiar do dia em Shuk Ha'Carmel, o mercado de um fazendeiro em Tel Aviv. Ela escolhia a fruta, sentia o peso da polpa e pechinchava. Uma vez satisfeita com seus produtos, esperava em uma parada de ônibus próxima, caminhava até o ônibus, e acabava com suas duas cestas carregadas de alimentos para nós. Aquela viagem de Tel Aviv para Jerusalém, uma viagem de duas horas de ônibus, ao longo das estradas de Sha'ar HaGai e de Mevaseret Zion não era fácil, mesmo para alguém muito mais novo do que a vovó Tova. Ela tinha mais de setenta anos e ainda era alta; eu tinha que olhar para cima para olhar para ela. Eu achava que ela era a mulher mais forte no mundo.

Um dia, logo depois que a vovó Tova chegou e nós tínhamos sentado para comer a deliciosa sopa de frango que ela havia cozinhado em nossa cozinha, eu disse, "Vovó Tova, nós estamos esperando um bebê."

A boca dela se abriu e seus olhos verdes se arregalaram. Com uma mão no coração e lágrimas descendo por suas bochechas, ela sussurrou, "Se for um menino, por favor, dê a ele o nome do meu filho, o seu pai. Por favor, o chame de Haim."

Mas por obra do destino, alguns meses depois a nossa filha Shiri nasceu. Um ano depois, vovó Tova, na época com seus recentes setenta anos e ainda fazendo compras no Shuk Ha'Carmel, fez uma viagem de duas horas de ônibus para Jerusalém com duas cestas verdes de plástico com vegetais e frutas para nos visitar. Ela entrou em nosso apartamento em Jerusalém e trocou cumprimentos, ela com seu hebraico limitado misturado com ídiche, e eu com o que parecia uma nova linguagem de sinais.

"Vovó Tova, nós temos uma surpresa pra você", eu disse. "Talvez um bebê Haim entre em nossas vidas. Nós estamos esperando outra criança!"

Os olhos dela se encheram de lágrimas. "Você se lembrou", ela disse.

"Como eu poderia não lembrar?" Eu respondi. "Haim, o seu filho, era o meu pai."

Poucos meses depois o nosso filho nasceu. Eu telefonei para a vovó Tova. Eu mal tinha a cumprimentado antes de explodir "nós temos um filho e o nome dele é Haim." Eu amava a vovó Tova; ela era tão gentil, tão sozinha, e nós não podíamos negar o seu pedido.

A voz dela tremeu e eu suspeitei que lágrimas descessem por seus lindos olhos. Ela me agradeceu e prometeu nos visitar dentro de uma semana. De fato, exatamente uma semana depois ela bateu em nossa porta. Eu nunca tinha visto ela tão feliz. O rosto dela irradiava felicidade, e ela até parecia mais alta que o normal. Ela ficou conosco por alguns dias, ajudando a cozinhar e a limpar, e brincou um pouco com a Shiri antes de ir embora.

Com duas crianças pequenas, a minha esposa e eu entramos num redemoinho, presos na correria das fraldas, acordando no meio da noite, alimentando os bebês. O tempo parecia nos escapar. Alguns meses se passaram e, em uma noite o telefone tocou. Eu atendi.

Capítulo III

"É o Sr. Doobie Shemer?", perguntou uma voz masculina desconhecida. Eu senti as minhas costelas contraírem.

O homem continuou com um jeito intrometido: "A sua avó Tova quis que eu ligasse para você. Ela não tem se sentindo bem, e agora ela está no hospital Beth Israel em Tel Aviv. Ela quer ver você."

Na manhã seguinte eu fui para Tel Aviv. Eu fiquei preocupado porque a vovó Tova nunca ficou doente. Tinha alguma coisa muito errada, eu pensei. Eu peguei o elevador para o terceiro andar. O quarto dela ficava bem do lado da recepção e eu entrei. Um cheiro forte de remédios se espalhava no ar. Ela estava deitada na cama embaixo de uma janela grande. Um prato de almoço sem ter sido tocado estava em sua cabeceira.

Eu não a reconheci. Ela estava deitada entre os lençóis brancos parecendo uma criança perdida em uma miragem de areia branca do deserto. Os olhos dela estavam fechados, sua pele pálida; não havia luz no rosto que descansava, sem expressão, no grande travesseiro branco. Esta não é a vovó Tova, eu pensei. Deve haver algum engano! O que tinha acontecido com a mulher forte, de 1,82 de altura e de pele bronzeada?

Eu senti uma camada de tristeza crescendo no meu coração. De alguma forma, eu sabia que ela estava morrendo. Eu fui até o lado da cama e segurei a mão dela, tão frágil e fraca. Eu beijei sua testa. Eu simplesmente não conseguia soltar sua mão. Então, lentamente ela abriu os olhos, e quando ela me viu, seus olhos se encheram de amor; ela sorriu.

"O que está acontecendo, vovó?", eu perguntei, com uma dor chata apertando o meu estômago. "Por que você está aqui?"

"Estou acabada", ela sussurrou em seu hebraico limitado e ídiche. "Sem mais vida." Ela fechou os olhos. "Haim?", ela perguntou.

"Ele está bem", eu a tranquilizei. Por um momento, eu achei que a vi sorrir. Eu me sentia tão impotente enquanto olhava para ela.

Eu fui para a sala de enfermagem para perguntar sobre a minha avó. A enfermeira pediu para que eu a seguisse de volta à cama da vovó Tova.

"Por favor, diga á sua avó que ela tem que comer. Ela está aqui há alguns dias e se recusa a comer qualquer coisa», a enfermeira disse severamente.

Eu olhei para a vovó Tova. Ela encontrou força para acenar com a mão e resmungou algo como "não dê atenção a essa enfermeira rabugenta."

Então a enfermeira virou pra mim e perguntou, "quem é Haim?" "O meu filho", eu disse. "Ele nasceu há apenas três meses. Haim também é o nome do meu pai, filho dela. Ele morreu há muito tempo. Mas por que você está perguntando?" "Bem", disse a enfermeira, "a sua avó costuma dizer 'O Haim voltou. Eu posso partir agora.'"

Eu fiquei chocado. Eu nunca senti tanta pena da vovó Tova antes e eu não conseguia falar a mesma língua. Eu peguei uma pequena cadeira de madeira e sentei ao lado da cama dela, e gentilmente peguei sua mão.

"Vovó, eu entendo", eu sussurrei. "Você decidiu terminar a sua vida, agora que o meu filho Haim nasceu, certo?"

Ela abriu os olhos, olhou para mim e sorriu com um sorriso cansado, mas ainda pacífico. Havia paz e aceitação em seus olhos, enquanto ela gentilmente acenava com a cabeça.

A vovó Tova faleceu poucas semanas depois.

A Morte e o Outro Lado

Numa tarde de inverno, uma neve branda começou a cair enquanto o meu voo aterrissava no aeroporto nacional Ronald Reagan em Washington D.C.. Depois de alguns minutos, eu dirigi um carro alugado em direção ao Alojamento Pine Tree para o *workshop* do final de semana sobre a Morte e o Outro Lado, um *workshop* xamânico avançado.

A partir do *workshop* de Introdução ao Xamanismo em Nova Orleans, eu me tornei amigo do Dana, o facilitador do *workshop*, e recebi um convite dele para participar do "A Morte e o Outro Lado Xamânico." Eu me lembro daquele *workshop* xamânico introdutório em Nova Orleans, e eu estava ansioso para expandir a minha prática xamânica. Este tinha tudo de mais convidativo, já que o Dana era o facilitador, e eu estava realmente contando os minutos para esse *workshop*.

A viagem pelas estradas do país cobertas por belas camadas de neve foi tranquila. Eu me senti em paz e feliz, e mais tarde eu parei no estacionamento do alojamento, apreciando os sons da neve sendo triturada sob os pneus. Estava anoitecendo. Eu saí do carro e virei em direção ao sol se pondo, sua luz desaparecendo, desenhada através das nuvens, e caindo sobre os pinheiros escuros. Eu absorvi a pura beleza e a divindade do mundo natural que estava ao meu redor, enchendo os meus pulmões de ar fresco e apreciando o triturar da neve sob os meus pés. Eu senti a serenidade me banhando.

Eu entrei no salão principal, uma sala grande com piso de madeira escura. À direita tinha uma lareira de tijolos vermelhos. A parede oposta estava lotada de livros e revistas, do chão até o teto. Algumas pessoas sentaram-se num grande sofá vermelho escuro e em cadeiras. À minha esquerda tinha uma porta que dava para a cozinha. Eu podia sentir o cheiro de alguma coisa sendo cozida. O fogo foi aceso, e o doce cheiro da lenha queimando encheu o salão. Eu me apresentei para os outros, alguns dos quais eu encontrei antes, e então o Dana entrou. Nós nos abraçamos; fazia muito tempo desde a última vez em que nos encontramos. Todos nós estávamos muito entusiasmados para aprender mais sobre xamanismo e para praticar mais. Nós jantamos em um restaurante próximo e então voltamos para o nosso alojamento, para dormir no salão principal.

A manhã chegou e logo depois do café da manhã começou o nosso *workshop*. Eu não sabia o que esperar; eu estava apenas ansioso para aprender o máximo que eu pudesse sobre morrer, morte e vida após a morte, sob uma perspectiva xamânica.

Nós reorganizamos a sala para que tivéssemos espaço suficiente no chão de madeira para esticar os nossos tapetes e cobertores, e para arrumar os nossos chocalhos, totens e outros instrumentos xamânicos que trouxemos. Estava no meio da manhã e tinha parado de nevar; o sol estava brilhante no céu. A manhã parecia mágica. A neve cobria os pinheiros, os galhos inclinavam-se ao chão por causa do seu peso e respingos da luz do sol atravessavam as nuvens irregulares.

Dana, usando um suéter marrom e macias calças verdes, alongou suas pernas e sorriu gentilmente enquanto dava uma olhada nos participantes. Ele abriu o *workshop* abençoando a todos nós e pedindo que nos apresentássemos uns aos outros. Havia quinze pessoas lá no total, de diferentes cidades da Costa Leste e, após uma curta introdução, Dana descreveu resumidamente a abordagem xamânica da morte e da vida após a morte.

"Os participantes aprendem maneiras de lidar com a questão da morte e do destino das almas sob uma perspectiva xamânica", ele explicou. "Este *workshop* será útil para aqueles que desejam praticar o xamanismo sozinhos e para aqueles que queiram ajudar aqueles que estejam terminalmente doentes. Finalmente, alguns de vocês podem se reconectar com aqueles que se foram, que já faleceram. Neste *workshop* vocês aprenderão como se tornar experimentalmente familiarizados com reinos pós-morte. Vocês aprenderão como usar as viagens xamânicas para ajudar as pessoas a finalizarem trabalhos incompletos e fazer a travessia. Nós também vamos aprender como conduzir o trabalho de condutor de almas – guiando uma alma para o outro mundo, ou durante o momento da morte. Um condutor de almas também tem a habilidade de procurar por almas perdidas, de encontrá-las e de guiá-las para casa."

A nossa primeira viagem era para encontrar com um dos nossos parentes que tinham falecido, Dana nos disse, e passou a nos instruir como.

"Pensem em um parente com quem vocês gostariam de se encontrar. Perguntem se vocês podem ajudá-lo. Eu tocarei o meu tambor enquanto vocês todos viajam para o Mundo Inferior para encontrar os seus Animais de Poder. Os seus Animais de Poder vão ajudá-los a encontrar os seus parentes. Quando vocês os encontrarem, perguntem se ele ou ela precisa de ajuda e, se sim, que tipo da ajuda. Às vezes, tudo o que eles precisam é apenas poder falar sobre algo inacabado. Mas, às vezes, as almas deles estão presas na Terra e eles precisam de ajuda para seguir para outro reino. Tudo o que vocês têm que fazer é perguntar."

Em uma manhã de inverno, em outubro de 1952, o meu pai foi encontrado morto. Eu era apenas um bebê quando ele levou vários tiros no peito a sangue frio e foi largado sangrando até a morte na praia de Jaffa, em Tel Aviv. No *workshop*, eu fui imediatamente consumido por um desejo intenso de encontrá-lo. Eu sentia que eu estava pronto para o nosso reencontro. Eu queria tanto falar com ele, mas eu também estava ansioso ao pensar nisso e senti um aperto no meu peito, mesmo sabendo que eu estava em um ambiente seguro.

As pessoas ao meu redor pareciam experimentar emoções similares. Mas o Dana tomaria conta de todos nós.

Eu estiquei o cobertor, cobri os meus olhos e respirei fundo. O silêncio na sala parecia ruidoso. Um cão latiu ao longe, e as toras de pinho em chamas na lareira estalavam. Estes eram sons quentes e tranquilizantes.

As batidas do Dana começaram com um delicado, mas rápido toque. Os tons delicados do tambor estavam emplumados no início e então se tornaram mais firmes e fortes. Imediatamente, eu mergulhei para o Mundo Inferior para encontrar os meus guias, meus amigos espirituais. O Urso estava à minha espera na floresta mágica, banhando-se em uma piscina de luz solar que tinha rompido através do dossel grosso das longas e finas folhas verde-escuras. O Urso olhou fixamente para mim – seus olhos escuros eram piscinas de bondade e sabedoria – e eu percebi que ele sabia qual era a minha missão. Ele sabia que eu queria encontrar o meu pai. Eu montei, sem esforço, em suas brilhantes costas brancas e, assim que eu segurei firme em sua pele, nós voamos no ar. O Urso estava me transportando para encontrar com o meu pai e para novas revelações adiante.

"Quando vocês os encontrarem, perguntem se ele ou ela precisa de ajuda e, se sim, que tipo da ajuda. Às vezes, tudo o que eles precisam é apenas poder falar sobre algo inacabado. Mas, às vezes, as almas deles estão presas na Terra e eles precisam de ajuda para seguir para outro reino. Tudo o que vocês têm que fazer é perguntar."

Papai

Nós pousamos em um trecho de praia que eu não reconheci. Estava escuro; somente a luz pálida da lua brilhava nas ondas que lavavam a arenosa costa branca. Eu olhei ao redor e de repente vi um rosto; eu sabia que era ele. Ele parecia exatamente como nas fotos, como se o tempo tivesse parado quando ele morreu. O meu pai era um jovem, com seus vinte e poucos anos, com a pele clara e cabelo escuro; era alto e extremamente bonito. Ele sorriu para mim, mas seus olhos refletiam uma dor profunda. Eu podia ver que ele sofreu – e ainda estava sofrendo - e eu senti a sua dor. Ele estava parado a poucos passos de mim, mas tudo o que eu podia ver realmente era o rosto dele. Eu cheguei mais perto dele e uma imensa tristeza me envolveu.

"Papai?" Eu disse.

Ele não disse uma palavra, apenas continuou a sorrir pra mim apesar de estar com uma dor óbvia.

"Por quê?" Eu perguntei. "Por que você morreu? Por que você partiu?"

Os olhos dele se dilataram em dor e seu corpo tornou-se coberto com sangue. Ele parecia fraco e frágil. Eu queria tocá-lo, mas eu me senti paralisado. Então eu apenas fiquei lá. O Urso se deitou na areia a alguns passos atrás de mim, meu protetor pessoal. Somente o som das ondas avançando a costa quebrou o silêncio da noite escura.

"Então, eu não iria interferir em sua vida, no seu desenvolvimento, no progresso que você faz em sua vida", ele disse depois de um tempo.

Eu estava atordoado. "Posso te ajudar, papai?" Eu finalmente perguntei. "Devo levá-lo para um lugar melhor?"

"Sim filho, por favor. Você faria isso, por favor?", ele respondeu, quase sussurrando.

Eu estendi os meus braços para abraçar seu corpo ferido e o ajudei a montar no Urso; eu sentei atrás dele. O Urso se levantou cuidadosamente e então voou para dentro de um vórtice de luz, longe e acima daquela praia escura onde o meu pai esteve preso por tanto tempo. Nós voamos diretamente para o Mundo Superior, para o Mundo Branco, onde ele seria cercado de amor, onde ele poderia se recuperar, e onde eu poderia ir visitá-lo.

Nós entramos no jardim branco através do portão aberto, e o Urso saiu. Papai ficou do meu lado e colocou sua mão no meu ombro esquerdo. Eu estudei o seu rosto. Foi embora qualquer traço de dor ou agonia; seus olhos irradiavam bondade e calma; não havia nenhum sinal de sangue nele. Eu estava maravilhado com esta transformação. Ele surgiu lavado com amor, e parecia como se uma cura instantânea tivesse ocorrido. Suas angústias tinham evaporado.

"Obrigado, meu filho", ele disse olhando dentro dos meus olhos. Quando ele sorriu, era puro e sereno. "Você pode retornar para a sua vida agora, mas por favor retorne para que possamos nos ver novamente."

"Sim, papai", eu respondi. Eu senti uma alegria enorme. Eu tinha recuperado o meu pai, e de agora em diante eu poderia falar com ele a qualquer hora.

"Então, eu não iria interferir em sua vida, no seu desenvolvimento, no progresso que você que faz em sua vida", ele disse depois de um tempo.
Eu estava atordoado. "Posso te ajudar, papai?" Eu finalmente perguntei. Devo levá-lo para um lugar melhor?"

"O Seu Filho é o Seu Pai"

A nossa viagem seguinte era para encontrar com o nossa Guia Espiritual, para perguntar "há qualquer coisa que você gostaria de compartilhar comigo sobre um parente, vivo ou morto?" Embora a morte não seja um assunto fácil de tratar, este alojamento isolado coberto de neve em Maryland parecia ser o lugar perfeito para esta discussão.

Todos nós deitamos mais uma vez no chão de madeira, cobrimos nossos olhos e, ao som do tambor do Dana, iniciamos a nossa viagem. Eu decidi visitar o Elias, então fui direto para o Mundo Branco desta vez.

Eu cheguei à frente do portão aberto. A vista do espetacular palácio branco nunca deixou de me maravilhar. O jardim inteiro era vibrante em sua brancura, e eu quase senti sua essência viva. Eu não vi ninguém, mas eu senti que o jardim estava cheio de vitalidade. Parecia como se ele estivesse em constante movimento, onde nada estava imóvel. Eu sabia que muita coisa tinha acontecido neste jardim, no entanto eu não podia ver nada. Talvez eu não tivesse permissão para ver ainda.

Eu entrei no jardim onde o Elias parecia estar ao lado da grande mesa de mármore branco. Suas mãos, cruzadas em seu peito, estavam cobertas com as longas luvas brancas de sua toga. Conforme eu andava na direção dele, ele virou, levantou sua mão direita e sinalizou para eu ir com ele adiante no jardim. Eu me senti puxado por uma força magnética escondida enquanto eu seguia seus passos, e enquanto nós andávamos, eu podia sentir aquela serena, contudo poderosa energia ao nosso redor.

Então Elias parou, pisou em um pequeno círculo de luz pálida na terra, à sua direita, e começou a flutuar em direção ao palácio, como se ele fosse transportado por um fluxo invisível. Espantado, eu o segui. Eu pisei no mesmo círculo de luz e flutuei sozinho. A corrente nos levou profundamente para o jardim mágico, um lugar onde eu nunca tinha estado antes. Nós flutuamos direto para o palácio e o Elias parou perto da torre à direita, ao longe. Parecia apontar para o céu, como em fervorosa oração. Elias olhou para trás, para mim, e gesticulou para eu entrar.

Mas não há nenhuma porta, eu pensei. E nem janelas. Como vamos entrar?

Elias respondeu a minha pergunta apenas pisando através da parede da torre e continuando a andar. Por que não tentar? Eu pensei, e entrei logo depois dele, embora eu estivesse em transe e em um estado de completa descrença - nós acabamos de atravessar a parede como se ela não estivesse lá! Eu estava espantado e extremamente curioso. Para onde exatamente Elias estava me conduzindo, e por quê?

Agora nós estávamos dentro do palácio branco. Era uma gloriosa estrutura branca, sugerindo algo celestial e divino. Eu tive uma sensação do divino, mas na verdade, a minha mente pobre não conseguia absorver tudo.

Elias parou de repente em um pátio pequeno, onde três bancos estavam arrumados em um círculo irregular. Ninguém mais estava lá, exceto Elias e eu. Ele se sentou em um banco e pediu para que eu sentasse ao lado dele. Ele levantou sua mão esquerda e, conforme o fazia, eu vi uma pessoa se aproximando de nós do outro lado do pátio. O meu coração bateu forte no meu peito – era o meu pai! Eu estava sem palavras. O meu pai sentou-se no banco restante, de frente para nós. Ninguém falou.

Eu olhei para o Elias em perplexidade. Ele manteve seus olhos fechados.

Capítulo III

"Você está aqui perguntar-me sobre o seu filho", disse Elias, sua voz como um trovão profundo.

Um arrepio percorreu através do meu corpo inteiro.

"Sim", eu respondi, apenas então percebendo que foi para isso que eu tinha vindo – para falar sobre o meu filho Haim.

"Mas e ele?" Eu perguntei. "Por que você está aqui?" E por que o meu pai está aqui?"

Elias não respondeu diretamente, mas então eu senti sua mão pegar na minha e quando ele falou, sua voz ecoou através da minha alma.

"As viagens de vida dos seres humanos não são aleatórias", ele disse. Sua boca não tinha se movido; seu rosto estava sem expressão; seus olhos continuavam fechados.

"O objetivo de uma viagem de vida é ajudar a estabelecer uma alma, dar-lhe um caminho onde pode aprender, crescer, se desenvolver e amadurecer. Uma única vida física raramente é tempo suficiente para alcançar isto; levam-se muitas vidas para isto. Normalmente, uma alma tem que passar por alguns ciclos de vida antes de perceber seu real propósito."

Elias pausou. Eu senti que ele estava me desafiando, tentando detectar a minha habilidade de acolher e digerir o que ele estava dizendo.

"Toda alma na Terra, enquanto em um corpo humano, tem um propósito - algumas vezes mais de um", ele continuou. "Uma vez que esses objetivos são concluídos, a alma então deixa o corpo humano na Terra. No seu mundo, esta partida refere-se à morte. Para uma alma evoluir, o Criador dá os instrumentos para se trabalhar para isso - a mente e o corpo, e um caminho para percorrer - os estágios de um ciclo de vida. Logo após o momento da concepção, é quando a alma entra no corpo humano. Durante o estágio de formação do corpo, a alma se ajusta para operar dentro de suas limitações físicas. Mais tarde, depois que o bebê entra nesta matriz corpórea, quando ainda está fisicamente dependente, a alma ainda carrega uma memória das experiências de vidas anteriores e alcança outras almas na fase de bebê, colocando a base para sua vida adiante e estabelecendo o curso do seu progresso. É um estágio crítico para o bebê e, portanto, crítico para a alma também. Assim como o corpo é sensível aos perigos vizinhos, assim é a alma. O bebê ainda é novo nesta dimensão e pode facilmente se machucar. Algumas vezes, a alma pode experimentar um trauma tão intenso que ela desiste e deixa o corpo. Então o bebê morre."

Elias ficou em silêncio por um momento. Parecia que ele estava me dando uma chance de processar o que eu tinha acabado de ouvir. Eu olhei para ele sentado lá, seus olhos ainda fechados. Eu senti sua quente e reconfortante energia fluindo em minha direção. O meu pai não disse nada; ele estava com uma expressão séria em seu rosto, e uma sensação de calma irradiava dele.

"Esta é uma razão por que os bebês morrem?" Eu perguntei. "Porque a alma não conseguiu lidar – porque estava sofrendo?"

Elias não respondeu imediatamente; então ele disse "sim, algumas vezes. Ás vezes, é o corpo físico que não consegue superar os obstáculos ou ser curado. Em outros casos, é porque a alma desiste e decide deixar esta vida. Outras vezes, a alma do bebê concluiu seu propósito e então parte e, às vezes, ela deixa totalmente a Terra para não machucar outras almas ou interferir na evolução delas. Quando uma alma está pronta para vir à Terra, ela sabe o que precisa concluir e com quem. Isso funciona para alcançar seu propósito. Ela escolhe o corpo humano e seus pais, de acordo com as lições ou tarefas a seguir. Então, enquanto ela está no estágio de bebê, a alma precisa determinar como ela irá alcançar seu propósito. Às vezes, ela não consegue descobrir, e às vezes ela desiste porque as outras almas com quem era para ela trabalhar partiram. A alma sabe que terá que retornar, mas ela prefere retornar para a Terra quando estiver mais bem preparada ou equipada para concluir suas tarefas e para aprender suas lições. Também há vezes em que uma alma permanece na Terra apenas porque ela precisa ajudar outras almas. Por exemplo, os pais das almas têm um propósito para alcançar ou uma lição para aprender com a ajuda das almas de seus bebês. Em tais casos, o único propósito das almas dos bebês é ajudar as almas dos seus pais a progredir; feito isso, às vezes, em apenas poucos meses depois do bebê nascer, sua alma deixa a Terra e o bebê morre.»

Como sempre acontecia quando eu viajava para visitar o Elias, eu não estava totalmente pronto para aquele nível de ensinamento e percepção. Eu estava lá para ouvir, e eu sabia que eu iria compartilhar essa informação com outros algum dia.

"É onde a vida de uma alma começa", Elias continuou depois de uma pausa curta. "Depois do estágio de bebê, uma alma muito provavelmente sabe como se desenvolverá, então ela pode aprender suas lições e alcançar seus objetivos. Conforme o humano amadurece e se torna mais independente, são dadas à alma habilidades adicionais e ferramentas para ajudá-la a progredir e aprender. Então, durante o estágio da infância, conforme o corpo evolui, a alma também evolui. A alma trabalha com outras almas para concluir suas tarefas. É raro uma alma não precisar de interação ou apoio de outras almas. Este é o estágio onde o verdadeiro aprendizado começa, e quando a alma ganha mais confiança em si e em suas habilidades para concluir os seus objetivos."

Pensamentos correram em minha mente. Poderia o estágio da infância da alma ser equivalente ao período escolar de nossas vidas? Afinal, a infância e a escola nos preparam para a vida adulta e a independência.

"Correto", disse Elias, como se lendo a minha mente. "No estágio da infância, a alma aprende tudo o que ela precisa concluir, e uma vez que o corpo funciona independentemente, a alma começa a executar tudo o que tem aprendido." Ele pausou. "Uma alma nem sempre tem êxito. Nem todas as almas dão conta de concluir tudo o que elas deveriam concluir. Às vezes, elas repetem as infrações feitas em uma vida anterior. Para ter êxito, às vezes, uma alma tem que superar obstáculos que são o resultado do conflito com outras almas e seus objetivos, ou de uma alma seguindo a sua própria mente.»

"Então, como pode uma alma ter certeza de que concluiu seu propósito?" Eu perguntei.

"Todos os ciclos de vida humanos são parecidos. A alma e o que ela precisa concluir é o que faz a diferença. Para a alma ter êxito, ela tem que manter uma conexão com os anjos e o Criador. É isso que une a alma a todos os recursos que ela necessita – energia, cura, amor – enquanto ela mantém sua presença na Terra, no corpo humano."

"São os homens e as mulheres diferentes, se tratando de almas?" Eu perguntei.

"Uma alma não tem preferência quanto ao gênero humano com o qual ela viaja. Uma alma pode estar no corpo de um homem por uma vida, e na próxima vez, ela pode retornar no corpo de uma mulher. Isso depende do que ela precisa concluir na vida e com quem. A alma irá decidir qual gênero é o mais adequado, uma vez que saiba qual o propósito que ela tem que concluir, e logo antes de emergir em um corpo de bebê."

"O crescimento da alma está correlacionado à idade física?" Eu perguntei.

"Não", disse Elias. "Uma alma não está relacionada a nenhuma idade física. O crescimento de uma alma vem com conclusões, mas a alma precisa da mente e do corpo humanos para progredir. Por isso que o Criador criou a vida na Terra na forma de ciclos. Os ciclos permitem que as almas evoluam para progredir em paralelo ao corpo físico, do momento em que elas nascem até o dia em que morrem – durante toda a jornada da vida. E dentro de um ciclo de vida, está o ciclo do dia e da noite. À noite, é a alma que domina o curso do desenvolvimento, enquanto que durante o dia, a mente domina."

"À noite?" Eu repeti, olhando para o Elias. "Como?"

"Através dos sonhos", respondeu Elias. Ele se inclinou para frente como se estivesse tentando ter a minha total atenção. "Os sonhos são uma das maneiras com que o Criador guia a alma e ajuda no seu desenvolvimento durante uma vida", ele continuou. "Nos sonhos, a alma canaliza a informação necessária para a pessoa progredir e concluir seu propósito. Mas vai da mente da pessoa, quando ela está acordada, decidir como essa informação será usada e quando a ação precisa ser tomada."

Elias pausou de novo, me dando tempo para juntar os meus pensamentos. Existiam muito poucas histórias sobre pessoas em muitos campos – ciência, arte e tecnologia – que haviam recebido informações de mudança de vida, ideias e respostas em seus sonhos. Paul McCartney, por exemplo, sonhou com a melodia da canção *Yesterday*, a qual alguns afirmam ser uma das melhores músicas dos *Beatles*. Otto Loewi ganhou o Prêmio Nobel depois de ter sonhado com um experimento que prova sua hipótese sobre a transmissão química dos impulsos nervosos. Elias Howe, que inventou a máquina de costura, sonhou como a agulha deveria ser formada e onde o buraco precisava estar localizado na ponta da agulha. E eis o sonho mais famoso de todos: A escada de Jacó, do livro do Gênesis. "E no sonho dele, anjos de Deus estavam ascendendo e descendo nela!" Alguns interpretam os anjos do sonho como almas ascendendo e descendo dos corpos humanos na Terra. O local onde Jacó passou a noite foi o Monte Moriá, o futuro local do Templo em Jerusalém. A escada, portanto, simboliza a "entrada" entre o Céu e a Terra.

"Os humanos não deveriam tentar interpretar seus sonhos", Elias avançou, aumentando sua voz. "Nem devem tentar descobrir por que uma pessoa ou um assunto veio a eles em sonho. Melhor, eles devem cooperar e agir sobre o sonho." Então ele acrescentou, com voz mais baixa, seu olhar penetrante, "A espécie humana logo irá progredir, avançar para um nível superior. Os humanos então entrelaçarão alma e mente, espírito e matéria, e vocês vão de fato se tornar a imagem do Criador."

Ficamos sentados sem falar nada por algum tempo.

"Você veio aqui para perguntar sobre o seu filho", finalmente disse Elias, quebrando o silêncio. "Agora eu posso contar para você – a mão dele apertada na minha, e foi nesse ponto que eu percebi que ele esteve segurando a minha mão o tempo todo – "o seu filho é o seu pai."

Eu olhei para ele e depois para o meu pai. Eu estava atordoado. Eu me senti eufórico, e uma estranha sensação de alegria e alívio correu sobre o meu corpo; um sentimento de revelação banhou todo o meu ser. Eu não conseguia colocar esse sentimento em palavras, mas era maravilhoso, como se alguns elos perdidos em minha vida tivessem sido encontrados e colocados no lugar.

Elias se levantou e começou a caminhar de volta ao jardim. Eu levantei também, então hesitei e olhei para o meu pai. Ele ainda estava sentado no banco. O rosto dele emanava calma, e imperceptíveis marcas de expressão de um sorriso gentil enfeitavam seus olhos fechados. Era o momento de finalizar a nossa viagem. Era hora de voltar para o alojamento.

~~ —— ~~

"Toda alma na Terra, enquanto em um corpo humano, tem um propósito - algumas vezes mais de um", ele continuou. "Uma vez que esses objetivos são concluídos, a alma então deixa o corpo humano na Terra. No seu mundo, esta partida refere-se

à morte. Para uma alma evoluir, o Criador dá os intrumentos para se trabalhar para isso - a mente e o corpo, e um caminho para percorrer - os estágios de um ciclo de vida."

~~~ — ~~~

"Todos os ciclos de vida humanos são parecidos. A alma, e o que ela precisa concluir é o que faz a diferença. Para a alma ter êxito, ela tem que manter uma conexão com os anjos e o Criador. É isso que une a alma à todos os recursos que ela necessita – energia, cura, amor – enquanto ela mantém sua presença na Terra, no corpo humano."

~~~ — ~~~

Capítulo Quatro:

Mente, Corpo e Alma

O entendimento das maravilhas da criação, da existência humana e da habilidade de atuar tem preocupado muitas pessoas por gerações, e eu não era exceção. Eu estive em incontáveis discussões e li centenas de livros e artigos sobre esses assuntos, e questões sobre esse misterioso triângulo de Mente-Corpo-Alma e sua interdependência continuavam sem reposta.

"O que aconteceu com Sharon?"

Há muito tempo, em uma fresca noite de verão na ilha de Ciprus, eu viajei para ver uma amiga chamada Tali à luz da lua cheia, vislumbrando o azul-prateado nas ondas do Mar Mediterrâneo. Nós estávamos sentados no sofá da minha sala de estar conversando sobre as práticas xamânicas, quando de repente Tali disse, "Você poderia viajar para os seus guias e perguntar a eles o que aconteceu com Sharon para mim?" Ela esperou silenciosamente pela minha reação.

Eu olhei para a Tali e vi uma imensa dor por trás dos seus olhos. Eu não sabia quem era Sharon, mas eu disse, "Claro, vamos fazer isso agora mesmo."

Eu fechei os olhos, respirei fundo e comecei a minha jornada para o Mundo Inferior, para encontrar Hilla. Encontramo-nos na mesma costa marítima com o Golfinho e o Urso, que me trouxe da caverna. Eu sentei perto da Hilla e observamos o Golfinho deslizando pelas ondas, próximo a nós. Antes mesmo de eu sequer formular a minha pergunta, Hilla disse, "Ele está morto."

Eu pensei que eu tinha me acostumado com a tendência de Hilla em dizer coisas inesperadas. Mas ela ainda era capaz de me surpreender. Surpreendido, eu olhei para ela. "Ele? Eu pensei que Sharon fosse uma mulher", eu disse. "Morto? Por quê? Como?"

Ela não respondeu as minhas perguntas. Ao invés disso, foi mostrada para mim uma série de três cenas.

A primeira cena aconteceu numa praia. O sol estava se pondo e um casal estava caminhando pela areia quente, de mãos dadas. Não havia mais ninguém além daquele casal. Eu reconheci a praia – era uma das mais belas praias de Tel Aviv, o mesmo lugar onde eu costumava nadar todas as manhãs no meu trajeto para o escritório, assim que o sol nascia. O casal aparentava ter vinte e tantos anos de idade. Ela tinha uma luminescente pele branca; seus longos cabelos loiros caíam largamente sobre seus ombros, cobrindo suas costas. Ele era alto e magro, e tinha pele cor de oliva escura. Eles caminhavam de mãos dadas, observando como o final do dia se transformava em um mágico pôr do sol Mediterrâneo.

A segunda cena mostrou o horizonte do Mediterrâneo, como o sol gradualmente se tornava carmim e escorregava no mar. O casal entrou em um restaurante próximo para jantar. Eu não pude ver o nome do restaurante. Em uma parede, havia uma pintura em uma moldura de madeira escura de um barco resistindo a enormes ondas do oceano. Eu vi o casal sentar lado a lado em silêncio; ela brincava com o seu garfo, raspando-o para trás e para frente sobre o prato. Ele estava olhando para baixo, sua mão direita pousada ao lado da comida intacta. Um triste silêncio resistiu no ar, um conhecimento não dito de que não havia muito mais para se dizer.

Na terceira e última cena, o casal estava de volta à praia. Desta vez, o sol tinha sido totalmente engolido pelo Mediterrâneo. Ele parecia sozinho, caminhando pela costa; então ele entrou no mar. Ela estava parada a uma distância o observando, esperando que ele virasse e olhasse para ela. Mas ele não virou. Ele continuou caminhando dentro do mar, e quando a água alcançou sua cintura, ele olhou por cima de seu ombro, virando tão levemente, que ela pode ver o rosto dele. Ele levantou seu braço direito lentamente para fora da água e acenou no ar; era um aceno de adeus para ela. E bem diante dos perplexos olhos dela, ele caminhou mais e mais longe dentro do mar, até que ele o cobrisse completamente, e ele desapareceu.

Eu fiquei completamente deprimido com essas cenas. Eu não queria saber o que Hilla estava prestes a revelar. Eu estava terrivelmente perturbado, mas eu ainda me mantive fiel às visões quando eu parei a viagem e retornei à sala. Eu abri os meus olhos e olhei para a Tali.

"Sharon é um homem, certo?" Eu perguntei, depois de uma hesitação momentânea.

"Sim", ela respondeu, parecendo preocupada.

"Sharon se foi. Ele está morto", eu disse.

"Sim", ela respondeu, e lágrimas começaram a descer por suas bochechas.

"Ele se afogou no mar", eu continuei.

"Sim", ela disse, através de suas lágrimas. Eu segurei as mãos dela, olhei dentro dos seus olhos e esperei um pouco antes de dividir com ela as visões que eu tinha acabado de ter.

"Foi exatamente isso o que aconteceu", Tali disse. "Mas ninguém sabe o motivo. Você perguntaria para os seus guias, por favor?"

No início eu hesitei, não querendo a carga de ter que comunicar algo terrível para a minha amiga. Mas então eu tomei fôlego e concordei em fazer isso. Eu fechei os olhos e me encontrei escorregando rapidamente de volta para onde a Hilla, o Golfinho e o Urso estavam esperando por mim. Hilla sentou-se na areia com o Urso deitado próximo a ela; o Golfinho, a alguns passos, deslizava silenciosamente para dentro e para fora das ondas do oceano.

"Hilla, por que o Sharon se foi?" Eu perguntei.

Hilla virou seu rosto para mim, seus longos, sedosos, lisos cabelos negros balançando em seus ombros, e olhou para mim, com uma expressão séria em seus olhos. "A alma dele não conseguia mais lidar. Algumas almas acham este mundo uma experiência tórrida e entram em colapso quando forças opostas parecem estar arrastando-nas em diferentes direções. Sua estrutura interna se abala. A alma dele simplesmente não aguentava mais isso, então decidiu deixar a Terra."

Com o coração pesado e perplexo, eu agradeci a Hilla e retornei para a Tali. Eu gentilmente retransmiti a explicação de Hilla para a partida de Sharon.

Lágrimas percorriam o rosto pálido da minha amiga. Então ela suspirou, arrumou seus ombros e procurou segurar as minhas mãos. "Ele sofreu muito", ela disse, com a voz quebrada e cheia de choro. "Ele levava uma vida dupla. Ele era um diretor de cinema bem conhecido e bem sucedido, mas ele também era uma pessoa muito religiosa, um investigador, e sua curiosidade sem limites o atraiu para o mundo espiritual. Essas duas palavras – diretor de cinema e investigador espiritual – eram extremamente diferentes e ele foi rompido pelos dois estilos de vida diferentes. Quanto mais bem sucedido ele se tornava como diretor de cinema, para mais perto da espiritualidade ele era puxado, mesmo sendo estilos de vida incompatíveis. 'Tali, eu simplesmente não aguento mais isso', ele me disse a última vez que eu o vi, e então não muito depois, seu corpo foi encontrado na praia, em Tel Aviv. Eu soube que ele morreu em algum momento durante a noite, depois que ele jantou com a esposa dele." Tali começou a soluçar de novo. "Você acha que o Sharon cometeu suicídio porque ele não conseguia mais lidar com o conflito entre os dois estilos de vida?", ela perguntou.

"Certamente não foi um acidente", eu respondi. Como a Hilla disse, a alma dele simplesmente não aguentava mais isso, então decidiu deixar a Terra.

Capítulo IV

Controlador, Transportador e Passageiro

Uma vez, eu li uma história na qual um jovem pai falava sobre seu filho que havia morrido aos três meses de idade. Este jovem pai era familiar com o conceito de canalização, e ele canalizou o espírito do mundo esperando encontrar conforto, para preencher o buraco da agonia que perfurou o seu ser. Mais tarde, ele descobriu que seu filho morreu tão jovem porque a alma dele tinha concluído sua tarefa e deixou a Terra. A história deste jovem pai me fez pensar o quão significante é o papel da alma em nossas vidas. Como é a relação entre a alma e a mente, e como o corpo se relaciona com elas?

Eu soube então que eu estava em uma busca, com perguntas para meditar; eu não estava no ponto onde eu queria respostas definidas sobre a relação entre corpo, mente e alma, ou sobre vida e morte. Eu apenas sabia que um senso de humilde busca me direcionava a continuar a minha jornada.

O Urso estava em seu lugar habitual perto da caverna, sentando em uma cama de viçosa grama verde na floresta mágica e banhando-se na luz do sol. Eu senti tremenda alegria ao ver o Urso de novo. Nós nos abraçamos, eu pulei nas costas dele e ele me levou até a praia voando, onde ele gentilmente me deixou na areia, aos pés de Hilla. O Golfinho estava deitado na borda da água, o oceano gentilmente batendo em seu corpo, e ele olhou para nós com seus lindos e bondosos olhos. Hilla, o Urso e o Golfinho pareciam extraordinariamente empolgados desta vez. Como sempre, Hilla intuiu as minhas perguntas e a minha busca.

"Vamos viajar para o Mundo Superior", ela sugeriu com suave e amorosa voz. "Nós vamos tentar obter um tempo com Elias."

Eu subi nas reluzentes costas brancas peludas do Urso, o Golfinho ficou ereto em sua cauda, graciosamente esticando seu lustroso corpo acinzentado sobre a água, planando na superfície, e Hilla ficou de pé, levantou suas mãos para o céu e olhou para cima. Este era o nosso sinal para ascender ao Mundo Superior, e depois de passarmos pela familiar membrana branca de nuvem, pousamos na superfície macia como algodão do Mundo Branco.

A profunda branquidão nos envolvia, enquanto caminhávamos na direção do palácio branco, Hilla de um lado, o Urso do outro e o Golfinho nadando na nossa frente. Passamos pelo portão aberto do palácio e dentro de minutos alcançamos a grande mesa de mármore branco com bancos em cada lado, onde eu normalmente encontrava o Elias. Nós nos sentamos e esperamos, Hilla sentada à minha direita com os olhos fechados. Eu olhei para o palácio ao longe; não estava tão revelador de sua glória naquele dia.

Eu tinha sentido a presença de Elias, mas ele não estava em nenhum lugar visível. Subitamente, eu ouvi uma profunda voz familiar: "A mente é o controlador, o corpo é o transportador e a alma é o passageiro. Durante toda uma vida, a mente e a alma estão em constante comunicação. O ciclo da vida é estruturado de forma que à alma é dada a oportunidade de influenciar a direção da vida no começo e no final, mais do que em qualquer outro estágio do ciclo de vida humana. Para a alma aprender, evoluir e fazer progresso, ela precisa de uma mente e de um corpo", Elias continuou. "Quando a alma decide descer para a Terra, ela escolhe o corpo e a mente que se encaixa ao propósito, e que melhor a ajuda a concluir suas tarefas para aquela vida. Então, enquanto a alma decide sobre o tipo de corpo e mente com os quais ela vai se desenvolver, é em grande parte a mente que controla o progresso por si só. É a mente que em grande parte influencia o que a alma irá aprender."

Ele pausou e permaneceu em sinlêncio, permitindo que eu absorvesse o que ele tinha acabado de dizer. Eu estava fascinado. Eu sabia, das minhas leituras sobre a literatura sagrada Hindu, que era comum a prática do Sadhu (Homem Sagrado) deixar sua família, sua vila e partir em uma viagem espiritual à procura de redenção e de respostas para o propósito da vida e outras questões filosóficas. Eu também ouvia as pessoas falando, quando viam um recém-nascido, "Este bebê tem uma alma pura", ou "Este bebê tem uma alma antiga." Isto sugere que as pessoas podem associar a alma de um bebê.

"Há muitos pensamentos sobre a necessidade de equilibrar corpo, mente e alma", eu disse para o Elias, do outro lado da mesa. Os olhos dele estavam fechados, mas eu sabia que ele estava ouvindo, então eu continuei. "Alguns dizem que o equilíbrio do corpo, mente e alma é a experiência final, e que somente quando os três estiverem em equilíbrio, nós poderemos fazer o melhor progresso em nossas vidas.»

A cabeça de Elias estava curvada, e uma divina e pacífica eminência irradiava dele. Depois de alguns segundos, ele respondeu, "Esse equilíbrio que vocês humanos falam é diferente do que a verdadeira relação entre alma, mente e corpo deveria ser. Já que a mente está no controle, ela pode trabalhar, já que a habilidade da alma de atuar é muito limitada. Isso acontece principalmente quando a mente está muito ocupada com ela mesma, quando o ego se torna mais importante do que cuidar do corpo. Quando isso acontece, há frequentemente doença corpórea e, com o passar do tempo, uma alma disfuncional que conduz, em alguns casos, à morte, seja por suicídio ou como um resultado de doença severa."

"Então, o equilíbrio é requisitado, mas controlado pela mente, que muda conforme a vida de uma pessoa progride", eu sugeri.

"Exatamente", ele disse. "A alma deixará o corpo – partirá da Terra – se ela sentir que a mente não estiver suportando mais, quando a mente não a estiver ajudando a alcançar seus objetivos."

Ele pausou, abriu os olhos e olhou direto nos meus. Seu olhar penetrante me hipnotizou. Eu não conseguia nem pensar, nem me mover.

"É este o caso quando alguém tem um trauma severo ou entra em um coma?" Eu finamente perguntei.

Elias permaneceu em silêncio por um instante, e então disse, "Quando um humano está em coma, a alma deixa a Terra e vai para o Mundo Amarelo onde pode se recuperar. Ela pode retornar para a mesma mente e corpo naquele ciclo de vida ou pode decidir não voltar de qualquer maneira. Quando um bebê é criado, a mente está em branco e vazia. No entanto, paradoxalmente, é quando a mente é mais capaz de absorver o conhecimento. Depois, é o papel da alma gravar na mente tudo o que ela precisa para seguir adiante a jornada da vida. Todas as leis da natureza, todas as percepções e todos os reflexos são gravados na mente quando a alma se une ao corpo. Conforme a criança cresce, a habilidade da mente de influenciar o progresso da alma é fortalecida. Quanto mais velha a criança se torna, mais controle a mente tem do que a alma está prestes a experimentar e aprender. A mente é projetada de tal maneira que, desde o nascimento do bebê, certos desenvolvimentos acontecem através do que a alma experimenta, aprende e como adquire conhecimento durante a sua jornada.

Novamente Elias pausou e permaneceu em silêncio por um instante. Eu olhei ao redor. Hilla ainda estava do meu lado, mas seus olhos estavam fechados, enquanto ela processava os ensinamentos de Elias.

Então Elias continuou. "Conforme os humanos ficam mais velhos, a mente se torna uma espécie de armazém, em contraste ao vazio do receptáculo no estágio de bebê. Nos últimos anos, a informação para a alma processar é carregada na mente para ser compartilhada, de onde ela finalmente irá escolher o que tomar como lição antes de deixar o corpo humano. Então, como a alma pode decidir cessar a vida em qualquer estágio dado, é na verdade a mente quem dita o caminho da vida e, subsequentemente, as lições que a alma aprenderá."

Um silêncio aconteceu enquanto eu absorvia esses conceitos. Eu olhei para o Elias. Seus olhos estavam fechados, e apesar de seu rosto refletir uma calma serena, eu podia sentir sua presença poderosa. Ele então abriu os olhos e olhou para mim, como se questionando a minha compreensão. Eu estava sentado sem me mover, precisando refletir, mas eu sabia que o tempo com Elias era precioso então eu fiz outra pergunta.

"Como a mente e a alma se comunicam?"

Elias continuou olhando para mim. Eu quase tive certeza de ver um sorriso nos olhos dele, algo que eu raramente via.

"Você está tocando em algo em que muito poucos têm conhecimento tão avançado", ele finalmente disse.

Eu mantive um silêncio respeitoso, esperando ouvir mais.

"A mente tem vários circuitos e usa correntes de energia para acessá-los", ele avançou. "Cada um tem certo propósito, e vocês humanos têm permissão de acessar somente alguns deles – o circuito que controla os movimentos do corpo, o circuito que permite você analisar o circuito do pensamento e mais alguns. Apesar destes serem circuitos relevantes, existem outros que somente são usados para a comunicação entre a alma e a mente. Nesses circuitos particulares, a alma armazena sua experiência e conhecimento para a mente agir sobre. A alma, para promover o desenvolvimento, irá acessar esses circuitos quando deixar o corpo e levar o que ela precisar. Ela faz isso usando as três correntes de energia – azul, verde e vermelha. A combinação destas correntes reflete os diferentes tipos de informação que a alma processa e comunica com a mente e com as outras almas."

Eu senti como se Hilla estivesse tentando perguntar alguma coisa, então eu me virei para olhar para ela. Ela abriu os olhos, olhou para o Elias e perguntou, "O que está acontecendo com a mente dele agora, enquanto ele fala com você?"

Isso realmente me pegou de surpresa. Hilla nunca tinha falado antes, quando estávamos na presença de Elias.

"A mente dele se fechou, assim como o corpo dele", Elias explicou. "E este fechamento provoca o funcionamento completo da alma dele e a absorção do que foi dito. Aqui, no Mundo Superior, não há sentido para corpo e mente, assim como não há sentido para outros elementos terrenos como tempo e espaço. Apenas a alma existe aqui."

Eu me senti derrubado. Eu nunca tinha pensado nas relações de alma, mente e corpo desta forma, e sentia que havia muito mais que o Elias poderia me contar. Eu estava imóvel, envolvido por uma sensação de tranquilidade antes desconhecida por mim. Eu não queria deixar esse magnífico jardim branco, a mesa branca e o meu banco de conhecimento. Eu só queria ouvir mais, absorver, compreender. Eu não queria deixar a presença do Elias.

Então, Elias fechou seus olhos, abaixou a cabeça e gradualmente desapareceu na misteriosa brancura. Ao longe, o palácio e suas torres lentamente se tornavam mais claros.

"Nós devemos voltar agora", eu ouvi Hilla dizer.

Nós nos levantamos, juntamo-nos com o Golfinho e o Urso e retornamos para o Mundo Inferior.

"Durante toda uma vida, a mente e a alma estão em constante comunicação. O ciclo da vida é estruturado de forma que à alma é dada a oportunidade de influenciar a direção da vida no começo e no final, mais do que em qualquer outro estágio do ciclo de vida humana. Para a alma aprender, evoluir e fazer progresso, ela precisa de uma mente e de um corpo", Elias continuou.

"Esse equilíbrio que vocês humanos falam é diferente do que a verdadeira relação entre alma, mente e corpo deveria ser. Já que a mente está no controle, ela pode trabalhar, já que a habilidade da alma de atuar é muito limitada. Isso acontece principalmente quando a mente está muito ocupada com ela mesma, quando o ego se torna mais importante do que cuidar do corpo. Quando isso acontece, há frequentemente doença corpórea e, com o passar do tempo, uma alma disfuncional que conduz, em alguns casos, à morte, seja por suicídio ou como um resultado de doença severa."

Capítulo Cinco:

Amor e Almas

~~~ — ~~~

"*All you need is love*", a canção imortal escrita por John Lennon contém uma mensagem simples para todos – o amor é tudo; é tudo o que precisamos.

O amor é realmente tudo o que precisamos? É assim tão simples? E quanto ao conceito de alma gêmea? Isso também é uma forma de amor? Todos nós, em algum momento de nossas vidas, sentimos uma conexão profunda com alguém que parece diferente de amor, parece como se nós nos completássemos e compartilhássemos o mesmo caminho, o mesmo destino; nós frequentemente chamamos a pessoa por quem temos esses sentimentos de nossa alma gêmea. Mais de cem canções foram creditadas à parceria Lennon-McCartney. Será que John e Paul eram almas gêmeas? Juntos, eles definitivamente criaram algo magnífico durante aqueles anos. Eu estava ansioso para ouvir de Hilla o que ela pensava sobre o amor, almas gêmeas e destino.

Uma brisa de verão com o cheiro dos pinheiros flutuava através da porta aberta da sala de estar da minha casa, na Montanha de Troodos. Era um final de semana, à tarde, quando eu continuei a minha jornada xamânica em busca do significado do amor. À medida que eu tocava o meu tambor e os meus chocalhos, eu deitei no chão e me cobri com um cobertor, fechei os meus olhos, e instantaneamente cheguei à abertura no fundo do oceano para começar o meu passeio deslizante na água para a caverna. Como em todas as minhas outras viagens, o Urso estava sentado no seu lugar de costume, em uma cama de vívida grama verde fora da caverna, na majestosa floresta. Sem esforço, eu subi em suas costas, deslizei minhas mãos em seu pelo e segurei firme, enquanto ele me levava para a praia onde Hilla estava à minha espera. O Golfinho estava nadando no oceano e ocasionalmente planava em sua cauda na superfície, acenando e sorrindo para nós, com seus olhos bondosos. Eu sentei ao lado de Hilla e mergulhei nas energias do ambiente, apreciando os sons místicos da natureza e respirando o ar puro do oceano. Juntos, Hilla e eu sentamos lá encarando a transparente água azul, Hilla com seus olhos fechados, e eu observando o Golfinho saltitante nas ondas.

Depois de um instante, eu virei e olhei para Hilla, guardando as minhas perguntas em minha mente. Antes que eu disesse um palavra, ela disse "Você deveria falar com o Elias sobre amor. Vamos juntos encontrá-lo."

Nós nos levantamos, e Hilla gesticulou para que eu segurasse na sua mão esquerda. Depois, ela levantou sua mão direita para o céu e olhou para cima. Nós subimos instantaneamente, ultrapassando a membrana branca e pousando na superfície macia como algodão do Mundo Branco. Uma profunda brancura nos envolvia conforme caminhávamos através da neblina na direção do palácio, Hilla um passo atrás de mim, à minha direita. Elias estava esperando no portão do palácio. Isso era muito incomum, eu pensei, e outra vez eu senti aquela sensação familiar de imenso respeito misturada com humildade e reverência. Sua presença magnética dominava tudo a sua volta. Sua aparência real sempre me estarrecia e me deixava sem palavras. Nós chegamos ao portão e entramos no jardim para sentarmos no banco. Hilla e eu ficamos diante de Elias e ele começou seu ensinamento.

Amor

"O amor é além do que você pensa que é", disse Elias, olhando direto nos meus olhos. "O amor não é o que vocês humanos normalmente se referem como sentimentos fortes em relação a alguém ou alguma coisa. O Amor é o Criador."

Tinha passado algum tempo agora da primeira vez que o Elias e eu nos encontramos, e eu não me sentia tão desconfortável na celestial presença dele. "O Amor é o Criador?" Eu repeti, querendo me certificar de que eu tinha escutado corretamente.

Quando eu expressei esta pergunta, eu senti o calor de Hilla fluir em mim, como se ela estivesse tentando me ajudar e me dar seu apoio, embora palavras ou olhares não tivessem sido trocados. Eu estava encantado com os olhos de Elias, que estavam pintados de cinza, verde e âmbar. Eles eram magnéticos. Ele sorriu para mim com os olhos, como se estivesse lendo a minha alma. Eu senti como se eu estivesse envolto em uma toga de amor; fico devendo as palavras para descrever este momento. O silêncio dele me cobriu em ondas. Parecia como se ele estivesse esperando que eu digerisse completamente e absorvesse sua resposta.

"O Criador, ou o divino, é tudo o que é o amor", ele disse, se levantando e andando ao nosso redor, sua toga branca varrendo o chão, seu rosto esplendoroso e seus penetrantes olhos escuros em mim, como se ele estivesse tentando plantar seus pensamentos em minha cabeça.

"O Criador disso tudo – do universo, dos planetas, da vida – é a fonte do amor, a base da existência, a causa do viver. A espiritualidade alimenta todas as dimensões físicas. As formas físicas não podem existir sem os níveis espirituais. Tire a alma do corpo de alguém e o que você tem?" Ele calmamente sentou de novo no banco oposto a nós. A minha mente estava correndo freneticamente, procurando por respostas. Então eu percebi que ele provavelmente não estava realmente procurando por uma resposta. Ele estava plantando sementes, sementes de conhecimento, e tudo o que eu tinha que fazer era sentar e escutar.

"Tire a energia de qualquer objeto e o que você terá?", ele perguntou.

Eu não consegui me conter, e respondi, "Então o amor e a energia são a mesma coisa?"

"Sim, de certa maneira", ele respondeu. "O amor, ou a energia, dá vida a qualquer objeto, o faz funcionar para manifestar o seu propósito. O amor é a única coisa que dirige o movimento cíclico dos mundos físico e espiritual. Na Terra você nasce, você vive, morre e nasce novamente. Apenas o amor pode permitir que este ciclo continue. O amor é a fonte de tudo isso."

A esta altura eu tinha me acostumado a ouvir coisas inesperadas, então eu não estava tão surpreso. Mas a minha curiosidade gerou um desejo de saber mais.

Se o Criador é amor, o que é energia? Como tudo isso funciona, eu me perguntei. Eu sabia alguma coisa sobre o amor, mas quem era o Criador? Como tudo isso se encaixaria em algo que eu já sabia?

"É mais simples do que se pode imaginar", Elias disse. Eu, surpreendido, por ter apenas pensado nas minhas perguntas, sem expressá-las verbalmente. Mas o Elias sorriu, e seus olhos irradiavam uma luz brilhante, vívida, como as estrelas em uma noite deserta.

"Existem outros reinos, aonde as almas vão quando deixam o corpo físico", ele continuou. "Elas são transformadas, recarregadas e imersas no amor, quase como um oceano de amor, para retornarem e cumprirem as tarefas necessárias para o seu desenvolvimento na Terra. Sem o amor, este ciclo, esta dimensão da existência não poderia continuar. Cada reino tem uma cor diferente. O reino em que estamos é o Mundo Branco. O reino do amor é vermelho."

Eu me mantive em silêncio, apesar de ter muitas perguntas. Eu podia sentir a minha habilidade de assimilar o que ele estava dizendo desaparecer lentamente. Este era um tópico imenso. Como eu poderia absorver tanto?

"Veja, vocês humanos se referem ao amor como algo que expressa sentimentos fortes em relação aos outros, mas não é o que o amor realmente é", Elias disse. "O aspecto significativo do amor para vocês é que vocês se sentem preenchidos quando vocês amam. Experimentar o amor dá a vocês um vestígio do Criador e traz vocês para mais perto do seu Criador, mais perto do divino."

Tudo o que se precisa é de amor, eu pensei comigo. Talvez o amor seja na verdade tudo o que alguém precisa para preencher seu propósito, para criar, para se tornar como o Criador.

~~~ — ~~~

"O Criador, ou o divino, é tudo o que é o amor", ele disse, se levantando e andando ao nosso redor, sua toga branca varrendo o chão, seu rosto esplendoroso e seus penetrantes olhos escuros em mim, como se ele estivesse tentando plantar seus pensamentos em minha cabeça.

~~~ — ~~~

Almas Gêmeas

Eu olhei para a Hilla e levantei as minhas sombrancelhas, silenciosamente procurando a aprovação dela para perguntar ao Elias sobre almas gêmeas e o que "alma gêmea" realmente significava. Hilla acenou com a cabeça, e assim que eu virei para o Elias, ele começou a responder a minha pergunta não dita.

"Claro, nós podemos falar sobre almas gêmeas. Mas primeiro, deixe-me falar sobre as almas e os espíritos. Cada alma tem seu propósito no seu mundo. Cada alma pode retornar como um ser humano repetidamente, para completar o seu propósito."

"Propósito? Como uma alma saberia qual o seu propósito?" Eu perguntei.

"Enquanto na Terra, uma alma não sabe qual o seu propósito, mas uma vez que parte para os outros mundos, a alma tem um conhecimento claro se ela cumpriu o seu propósito ou se ela deve retornar à Terra."

"Então uma alma não tem ideia sobre o seu propósito enquanto está na Terra, mas tem total conhecimento disso enquanto estiver aqui no Mundo Branco?" Eu disse.

"Correto. Aqui, ou nos outros mundos, mas não enquanto estiver na Terra", respondeu Elias.

"Então o que acontece aqui, ou nos outros mundos?" Eu perguntei.

"Agora que você sabe sobre os ciclos da alma, vamos falar sobre as almas gêmeas", Elias disse, ignorando a minha pergunta. Elas não são o que você pensa que são. Almas gêmeas são almas que trabalham juntas para alcançar um propósito distinto. As almas gêmeas podem se associar por um longo tempo - meses, talvez anos - ou por um tempo curto - dias, horas, até minutos. A duração de tempo em que as almas gêmeas ficam juntas não tem importância. O que é mais importante é o objetivo que elas precisam alcançar."

Eu fiquei intrigado. O que eu acabei de escutar não se encaixava na minha ideia do que seriam as almas gêmeas.

"Na verdade, há exemplos de encontros curtos que foram mais relevantes para as duas almas do que longos encontros", Elias continuou. "Além disso, uma alma pode ter muitas almas gêmeas enquanto estiver na Terra. Tudo vai depender do estágio em que a alma se encontra e a missão que ela tem que cumprir naquele estágio."

Elias pausou me dando tempo para refletir.

Na Terra, nós entendemos uma alma gêmea como uma conexão de amor, um laço entre duas pessoas que frequentemente não conseguimos explicar, e que algumas vezes tem um pouco a ver com o que nós humanos chamamos de amor. Uma pessoa pode ter, uma vez na vida, um encontro com outra pessoa e este pode ser por um curto período de tempo – uma hora, um final de semana – e ainda assim pode mudar completamente as vidas daquelas pessoas, logo depois. Nós frequentemente usamos o termo "alma gêmea" no contexto de "se apaixonar", ou quando expressamos fortes sentimentos de atração. Mas Elias estava sugerindo que o conceito de almas gêmeas tinha um significado diferente, e que pode se manifestar de diferentes maneiras. Se uma alma busca por crescimento e evolução, os encontros da alma nem sempre são harmoniosos.

Elias olhava para mim enquanto eu pensava, e parecia que ele estava lendo os meus pensamentos. "Ter uma alma gêmea é muito significativo para qualquer alma", ele disse. "Em muitos casos, o propósito de uma alma não pode ser alcançando sem a conexão com uma alma gêmea para ajudar."

Talvez seja isso que as pessoas queiram dizer quando falam que as almas gêmeas são como duas asas de um pássaro, eu pensei – ambas precisam ser fortes para o pássaro voar.

~~~ — ~~~

Almas gêmeas são almas que trabalham juntas para alcançar um propósito distinto. As almas gêmeas podem se associar por um longo tempo - meses, talvez anos - ou por um tempo curto - dias, horas, até minutos.

~~~ — ~~~

Destino

Eu voltei para a minha conversa com o Elias. Desta vez, eu falei primeiro.

"Eu entendo que as almas tenham um propósito. Eu entendo que elas continuem retornando, até que completem esse propósito. Mas o que é o destino da alma? Quando a alma completa um propósito, o que acontece depois?" Eu perguntei.

Elias repousou por um instante e então se inclinou para frente, estrábico para mim, como se acessando a minha habilidade de compreender o que ele estava prestes a revelar.

"Não existe essa coisa de destino da alma", ele finalmente disse. "Eu vou te explicar mais tarde o que acontece com uma alma quando ela alcança o seu propósito."

Ele pausou de novo. Eu olhei para ele sem dizer nada, e esperei pacientemente ele continuar.

"O destino de um ser humano é o resultado do propósito da alma. Enquanto o propósito de uma alma é claramente conhecido, o destino de um ser humano é desconhecido, para que isso seja determinado pelo caminho que a alma toma, e o caminho pode ser influenciado por outras almas, como pelas almas gêmeas. O destino de um ser humano é também determinado pela mente, que influencia a alma e que depende do estágio de vida – bebê, criança, adulto, idoso – que o humano se encontra."

Almas Puras

"Existem três níveis diferentes de almas", Elias explicou. "As almas puras são o primeiro nível. Elas ainda não concluíram o seu propósito; almas puras têm que retornar para a Terra repetidamente até que todas as lições tenham sido aprendidas e todos os propósitos alcançados. Cada estágio no crescimento do corpo físico ensina algo novo, e elas podem progredir toda vez que retornarem para a Terra. Quando elas deixam a Terra, elas vão para o Mundo Vermelho para serem curadas, para se recuperarem, para conseguir ajuda, para aprender e para descansar. Quando estão prontas, estas almas vão retornar para a Terra, de volta para um corpo físico humano."

"Você poderia compartilhar um exemplo de uma alma que não concluiu o seu propósito na Terra?" Eu perguntei testando, preocupado em estar sendo muito direto.

"Suicídio", respondeu Elias. "Quando uma alma está sob tremendo estresse, se sente presa e é incapaz de lidar com certa situação, ela desite. Esta alma então instruirá a mente humana para matar o corpo para que ela possa sair. Esta alma será conduzida ao Mundo Vermelho para se recuperar do trauma, e então será assistida pelos anjos para estudar e aprender com suas experiências. Ela verá o padrão de sua vida mais claramente, e virá a entender o que deu errado e como lidar com a situação de uma maneira melhor. Assim que a alma estiver pronta, ela deixará o Mundo Vermelho e retornará em uma forma física humana para a esfera terrestre, onde irá experimentar uma situação similar àquela que anteriormente respondeu precariamente. Desta forma, a alma ganha força para possibilitá-la a seguir para o estágio seguinte de crescimento."

Anjos

"Os anjos são o segundo nível das almas. Exitem almas que concluíram seus propósitos e que podem decidir não retornar para a Terra, mas permanecerem no Mundo Vermelho. As almas que alcançaram este nível estão prontas para ajudar as almas puras, tanto na Terra ou enquanto estiverem no Mundo Vermelho. Entretanto, os anjos podem escolher retornar para a Terra em um corpo humano para se tornar uma alma gêmea para almas puras. Os anjos também podem ir para a Terra como espíritos, melhor do que na forma física, para ajudar almas puras a atingir os seus propósitos."

Perguntas voaram da minha boca. "Nós vemos estes anjos? Podemos falar com eles – rezar para eles?"

"Sim", respondeu Elias às minhas perguntas apressadas. "Quando um humano chama um anjo, é na verdade a alma humana que precisa de ajuda, apoio ou conselho. Esta 'invocação do anjo' acontece, na maioria das vezes, enquanto o humano está adormecido, no mundo dos sonhos, já que apenas enquanto está dormindo a alma fica livre para se conectar com os anjos ou outros ajudantes não humanos."

"Livre do que?" Eu perguntei.

"Livre de manejar com a mente humana", respondeu Elias.

É surpreendente, eu pensei comigo. Eu preciso viajar um pouco mais com o Elias no tópico das almas e da mente. Eu olhei para ele, esperando por um sinal de concordância.

"De fato", ele disse. "Vamos caminhar nisso."

Eu pensei tê-lo visto sorrir, mas pode ter sido a minha imaginação.

~~~ — ~~~

Profetas

"Os Profetas são o terceiro nível das almas", continuou Elias. "Estas almas sempre ficam no Mundo Superior e nunca retornam à Terra. Os anjos podem escolher se tornar profetas ou permanecer anjos. Os Profetas ajudam os anjos, e podem escolher guiar e assistir as almas puras enquanto elas estão na Terra de várias formas – oração, meditação, viagens xamânicas e outros métodos similares."

"Como você e eu?" Eu perguntei.

Raramente eu vi qualquer expressão no rosto do Elias, muito menos um sorriso. Desta vez, entretanto, ele abriu os olhos, olhou diretamente para mim e sorriu gentilmente. "Como eu e você – o profeta e o xamã."

Eu senti como se o meu corpo inteiro tivesse sido lavado com puro amor. Eu estava eufórico; estava no céu.

Capítulo Seis:

Os Dez Mandamentos da Alma

N a época em que eu crescia no Kibutz Givat Brener, o rádio era a forma mais popular de entretenimento para uma criança pequena. Nós tínhamos uma biblioteca em um impressionante edifício de mármore de dois andares, chamado Bet-Sirenie, que estava localizado em uma montanha no centro do nosso kibutz.

De um lado, uma pequena floresta de gigantescas árvores de eucaliptos, um dos meus esconderijos favoritos, delimitando Bet-Sirenie. Do outro lado tinha um enorme gramado verde escuro, do tamanho de dois campos de futebol juntos, e ao longo da esquina, vibrantes lírios d'água - brancos, amarelos, rosas - à deriva em um pequeno lago em forma de coração, que era coberto por altas árvores de bambus. Sapos verdes saltitavam dentro e fora do lago, e a mais encorpada carpa dourada que eu já vi nadava tranquilamente nele.

"Silêncio! Mantenha o silêncio", dizia a placa de madeira pendurada na porta da frente da biblioteca. Um longo corredor percorria da entranda da biblioteca, suas paredes alinhadas com fotos dos fundadores do kibutz, e conduzia a um grande salão com poucas mesas e altas prateleiras com todos os tipos de livros de história e astrologia. Uma vez por semana, em uma noite de sexta-feira, nós tínhamos uma noite de cinema; a maioria dos filmes era de classificação restrita. Eu me escondia lá fora no escuro e entrava silenciosamente no teatro, assim que as luzes fossem apagadas. Nada impedia a minha rebeldia. Eu amava desafiar as regras dos adultos.

Mas o meu prazer era sentar na frente do rádio e escutar a transmissões de qualquer tipo. Era o melhor momento no final de todos os dias. À noite, depois de fazer a lição de casa e depois do meu banho, eu colocava um fone de ouvidos para fechar o mundo externo e mergulhava num oceano mágico de sons e frequências.

Quando eu tinha nove anos, eu construí a minha própria rádio, e nossa, eu estava orgulhoso! Eu montei uma pequena caixa de madeira com dois puxadores de discar na frente, um para o volume e o outro para selecionar o canal. Atrás da caixa, eu instalei uma antena, que eu conectei com o telhado da nossa casa. À esquerda do rádio, eu conectei um fone de ouvido que encontrei na feirinha em Rehovot, uma cidade vizinha.

Eu me lembro de passar horas escutando a vários programas transmitidos por diferentes estações de rádio – o *Hourly News* e o *Dash Im Shir*, um programa de consagrações e músicas na Galei Tzahal; documentários e séries de drama como *Mishpachat Simchon*, a história de uma família israelita na Kol Israel; a Parada de Sucessos de Músicas Populares na Rádio Ramallah.

Mas havia apenas um programa que me fazia sentir inspirado, que me tocava profundamente e me fazia pensar e me questionar, que me fazia sentir que eu estava nutrindo a minha alma. Toda sexta-feira, depois do sol se pôr, eu ia para o meu pequeno quarto, sentava na minha cama e esticava a minha mão para desligar a lâmpada. Eu fechava os olhos e escutava a leitura semanal da Torá,

Capítulo VI

Parashat Hashavuah. Eu sempre fui fascinado pelas histórias da Torá, como aquelas encontradas no livro do Gênesis, a história de José no Egito e tantas outras. Mas da maioria delas, eu ficava intrigado e inspirado por Moisés, o Profeta. Ele era um homem humilde que era gago. Ele mal podia falar, e ainda assim foi escolhido por Deus para conduzir a nação Israelita inteira para fora do Egito, o que se tornou uma viagem de quarenta anos para a Terra Prometida.

Muitos anos depois, quando eu estava com os meus quarenta e tantos anos, e morava na pequena vila de Saitas, nas Montanhas Troodos, eu estava passeando por uma trilha da antiga floresta negra de pinheiros, em um nebuloso sábado ao amanhecer. Fazia parte do meu ritual matinal de finais de semana. Eu acordava ao amanhecer e caminhava pela floresta, respirando profundamente o ar puro da manhã, aproveitando a magnificência da natureza e admirando a majestade das montanhas. É incrível o quão harmoniosa é a natureza, eu pensava, enquanto observava um coelho cavar um buraco no chão debaixo de um pequeno arbusto, e um casal de muflões (tipo selvagem de ovelha encontrado apenas em Cyprus) atravessava a trilha, e um falcão cruzava por cima procurando pelo café da manhã. Era sereno, quase surreal, mas pacífico. Eu sentia como se eu tivesse testemunhado uma divina sinfonia do mais sagrado concerto.

Naquela manhã eu tinha levado o Livro da Torá comigo. Eu planejei lê-lo em algum ponto da trilha. Naquela semana particular, a leitura semanal da Torá era "*Parashat Yithro*" (parte da Torá depois de Yithro, sogro de Moisés) do livro de Êxodos. Começou com a história do sogro de Moisés, Yithro, que veio visitar Moisés no Deserto de Sinai. Yithro trouxe Tzipporah, a esposa de Moisés, que havia sido enviada para casa pelo pai dela mais cedo, junto com seus dois filhos, Gershom e Eliezer. Continua para contar a heróica história de como Moisés recebeu os Dez Mandamentos.

Assim que eu cheguei ao meu lugar favorito na trilha, a neblina da manhã suspendeu, permitindo o sol esquentar o ar da montanha e as plantas acordadas. Ao longe, pude ver a luz do sol reluzindo nas águas azuis do Mediterrâneo, emoldurada pelas gloriosas Montanhas Troodos que estavam cobertas com a generosa tapeçaria verde dos pinheiros negros. Eu respirei fundo o ar fresco da montanha e me abaixei em um lugar herboso sob a árvore. À minha direita, bem abaixo, eu podia ver a vila de Omodos, famosa por sua produção de vinho, com suas casas pintadas de azul e branco, e estreitas ruas pavimentadas. Eu senti os meus ossos se acomodando na terra enquanto eu abria a Torá e começava a ler "Parashat Yithro". Eu cheguei ao versículo 20, onde Deus desce para a Terra: "Deus desceu ao Monte Sinai, no pico da montanha."

No momento em que eu li, algo estranho aconteceu. Eu senti Elias me chamando, embora o único som que eu podia realmente ouvir era o som do vento soprando através das árvores. Mas a forte sensação não diminuiu ou se foi. Eu parei de ler e fechei os meus olhos. O rosto de Elias apareceu vividamente. Eu senti seu forte olhar sobre o meu rosto, mas ele se manteve silencioso. Ele olhava para mim como se estivesse esperando que eu dissesse ou fizesse alguma coisa. Eu me apoiei, deitei no chão e coloquei a Torá no meu peito. De repente, em um instante, eu me encontrei ao lado de Elias, perto do majestoso jardim branco, na frente do palácio branco.

Elias parecia com um avô, com cabelo e barba branca como a neve. Seus olhos, dois brilhantes diamantes escuros, irradiavam eminentes sabedoria e divindade, como poços de conhecimento. Ele caminhou em direção ao banco de mármore, sentou-se e virou para olhar para mim parado no outro lado da mesa de mármore branco. Ele sorriu; linhas profundas enrugaram em volta de sua boca. Ele então sinalizou para eu me sentar no banco oposto ao dele, e esticou seu braço direito em minha direção. Eu senti o aperto; a minha mão pousou na mão dele e parecia seguro. Ele descansou suas mãos no topo da mesa de mármore enquanto eu colocava as minhas mãos, ainda quentes pelo toque de Elias, na mesa. Ele me cumprimentou. Eu sabia que ele iria falar sobre os Dez Mandamentos; por que, eu não sei, mas eu sabia disso.

"O Criador decidiu estabelecer ordem no caos", Elias disse. "Aos Israelitas estava para ser dado um conjunto de regras fundamentais de como eles deveriam tratar a si mesmos e aos outros, e como eles deveriam tratar a natureza." Elias pausou e olhou para mim de perto. O que ele viu deve tê-lo agradado, porque ele continuou. "O Criador queria fazer com que os Israelitas percebessem a significância desta fase na evolução da sociedade humana – a transformação, por um novo conjunto de regras, de um estado de instinto e natureza, para uma civilização guiada por valores intelectuais e morais. Então ele desceu ao Monte Sinai, cobrindo o topo da montanha com uma nuvem, para entregar aquelas regras a Moisés. Através de fogo e fumaça, ele direcionou Moisés a compartilhar este conhecimento com seu povo, e então eles passariam aquelas regras e valores para outras nações."

Eu sentei lá em frente a este homem sagrado, e a minha mente estava vazia. Eu não conseguia tirar os meus olhos do rosto dele, que irradiava contra os brancos arredores. É difícil descrever determinadas coisas, mas no momento eu sentia como se nós estivéssemos na mais purificada atmosfera branca, e que o branco era celestial, sem comparação ou contraparte na Terra. Eu não conseguia pensar, de qualquer jeito. Eu apenas olhava no rosto dele. Então ele sorriu, colocou suas mãos na grande mesa de mármore branco, levantou-se e sinalizou para eu segui-lo. Eu levantei lentamente; eu estava tremendo. Perguntas corriam pela minha mente – onde estamos indo? Para quê?

Elias caminhou em direção ao magnífico palácio branco com suas sete torres na frente. Eu conseguia ver seus topos, mas não via nenhuma porta ou janela. Eu o segui. Assim que cruzamos o lindo jardim, uma alta e sobrenatural orquídea branca curvou-se a Elias, e plantas em forma de tulipas brancas despejavam flocos de neve na trilha na frente dele, como se abençoando seu caminho. Hipnotizado por aquela visão majestosa, eu segui alguns passos atrás de Elias para a torre central, que era alta e arredondada, como todas as outras torres, e não tinha portas ou janelas. Elias continuou caminhando direto, através do denso muro de mármore da torre.

Eu hesitei e olhei em volta, pensando no que fazer. Deveria eu segui-lo através daquele muro denso? Eu podia vê-lo caminhando do outro lado do muro. Ele não parou, e nem se virou. Então eu o segui, exatamente como ele havia feito, talvez me sentindo um pouco assustado. Eu continuei seguindo os passos de Elias. Assim que eu atravessei, eu parei para olhar para trás. Eu podia ver o jardim e a mesa branca. Foi incrível – estar rodeado por transparentes, translúcidos muros!

Eu peguei o ritmo – eu não queria perder Elias. Ele continuava estável ao longe, e então desceu em um longo corredor. Eu o segui um pouco mais rapidamente. À nossa direita estava o muro da torre, e à nossa esquerda havia um pequeno pátio vazio com um chão que parecia ser feito de algodão branco. Do outro lado do pátio, enormes e sedosas cortinas brancas se moviam gentilmente; elas eram tão grandes, que eu não conseguia ver o topo delas. As sedosas cortinas se abriam como uma cachoeira fluindo de um topo invisível, caindo no chão branco como algodão. Foi uma cena magnífica. Eu queria ficar e absorver essa cena, mas eu tinha que me apressar para alcançar o Elias. Ele estava se movendo constantemente e depois do que pareceu muito tempo, ele parou. Seu cabelo e barba branca balançaram gentilmente quando ele virou para olhar para trás, esperando por mim.

Assim que eu cheguei do seu lado, ele agarrou o meu braço. Eu senti uma quente corrente elétrica correndo através de mim. Eu olhei para ele, mas ele permaneceu em silêncio. Ele estava olhando para frente. Estaria ele esperando por alguém ou por alguma coisa? Alguns minutos se passaram, Elias ainda segurando firmemente o meu braço. Então eu vi um feixe de luz. Eu não consegui ver sua fonte, mas sua luz baixou no chão a apenas alguns passos na nossa frente. Seria isso que o Elias estava esperando? Eu estava consciente do seu firme, mas gentil aperto em meu braço, e juntos fomos em direção a esse feixe de luz. Quando chegamos ao local onde a luz caía no chão, Elias parou. Eu levei alguns segundo para perceber que nós não estávamos muito distantes do chão. O feixe de luz nos levou para cima, longe do corredor do palácio. Eu estava chocado e empolgado ao mesmo tempo.

Alguns segundos depois, o feixe de luz nos colocou em uma pura e suave superfície branca arredondada. Eu não vi nenhum sinal do palácio, apenas nuvens de algodão abaixo de nós; o feixe de luz permaneceu embaixo de nossos pés. Eu olhei para cima, tentando seguir o feixe de luz para a sua fonte, mas tudo o que eu podia ver eram as nuvens de algodão e a luz espalhada no branco sem fim. Eu ainda podia sentir o aperto protetor de Elias, e eu olhei para ele. Ele ficou em pé ereto, com os olhos fechados. Sua toga branca de algodão o cobria dos ombros aos pés, e seus longos cabelos e barba brancos quase cobriam o seu rosto. Ele irradiava grandeza, glória e graça.

"O Criador queria fazer com que os Israelitas percebessem a significância desta fase da evolução da sociedade humana – a transformação, por um novo conjunto de regras, de um estado de instinto e natureza para uma civilização guiada por valores intelectuais e morais."

O Primeiro e o Segundo Mandamento da Alma

"Eu sou o Senhor teu Deus, que trouxe você..."
"Não terás nenhum outro deus."

Elias levantou sua mão direita e, apontando para o feixe de luz, disse "O homem foi criado à forma do Criador". Ele pausou por um segundo antes de continuar. "Nos dois primeiros mandamentos, o Criador revelou a si mesmo para Moisés como seu Criador, sua única fonte de fortalecimento, compreensão e espiritualidade." Novamente Elias pausou, então continuou. "Os dois primeiros mandamentos instruem o Homem a guiar sua mente e consciência para o interior, dentro de sua força de vida, para o Criador, para fazer a humanidade consciente de sua alma, que é o canal através do qual o Homem se conecta ao Criador."

Elias virou na minha direção e abriu os olhos, revelando sua sabedoria sem limites; seus olhos penetravam a minha alma. Estremecido, eu fiquei perto dele tentando compreender o que eu tinha acabado de ouvir. De alguma maneira, eu encontrei a coragem para perguntar, "Esta foi a primeira vez que o Criador fez o Homem consciente de sua alma?"

"Correto", respondeu Elias. "O Criador queria trazer a existência da alma para a consciência do Homem, trazer isso para sua atenção."

O Terceiro Mandamento da Alma

"Não tome o nome do Senhor teu Deus em vão."

Então Elias voltou para o feixe de luz, levantou sua mão novamente e disse: "No terceiro mandamento, o Criador disse a Moisés que a alma do Homem é pura, e significa não fazer o mal." Elias pausou; ele ainda estava apontando para a luz com uma mão e me segurando firmemente pelo braço com a outra. "Nenhuma alma é do mal; nenhuma alma é imoral. Um homem não deveria buscar fora pela verdade, além de dentro de si mesmo, porque o Criador está na própria alma do Homem." Elias pausou de novo, colocou sua mão direita no peito, sua palma sobre o coração e então curvou a cabeça e fechou os olhos.

Eu congelei. A minha cabeça estava pesada e minhas pernas fracas. Se não fosse o aperto encorajador de Elias no meu braço, eu seria incapaz de ficar em pé. Eu não podia nem pensar, nem me mover.

O Quarto Mandamento da Alma

"Lembre-se do sábado..."

"O quarto mandamento tinha a intenção de dar à humanidade uma pausa das rotinas diárias e a oportunidade de se conectar e nutrir sua alma", Elias continuou, mantendo sua mão direita levantada em direção àquela luz. "Ao criar tempo livre das distrações do dia a dia, o Homem pode crescer espiritualmente e evoluir sua alma. Se este tempo é curto ou longo, ele permite ao Homem se conectar com o Criador através de sua alma, portanto dá à alma o espaço para se lembrar de seu propósito, a razão pela qual ela veio para a Terra.»

Elias parou. Sua voz estava ficando mais fraca, e o seu aperto no meu braço não estava tão firme. Pelo que ele estaria passando? Eu quis saber. Por que nós viemos aqui, para ficar neste lugar rodeado por nuvens brancas e com esse feixe de luz? De onde vem a luz, e por quê? Essas perguntas batiam na minha cabeça enquanto ficávamos no vasto silêncio.

Elias não disse uma palavra, mas permaneceu de pé ao meu lado, seu rosto e sua mão apontando na direção da luz.

O Quinto, o Sexto, o Sétimo, o Oitavo, o Nono e o Décimo Mandamento da Alma

"Honra teu pai e tua mãe..."
"Não cometa assassinato."
"Não cometa adultério."
"Não roube."
"Não diga falso testemunho..."
"Não inveje..."

"Os quatro primeiros mandamentos tratam das relações do Homem com sua alma e com o Criador", Elias disse inesperadamente. "Os outros seis mandamentos relacionam-se com a interação da alma com outras almas, e pretendem dar ao Homem o conhecimento das necessidades das outras almas, para ensiná-lo a ter consciência daqueles ao seu redor. Membros da família, amigos, vizinhos – todos são semelhantes; todos são almas compartilhando das mesmas necessidades básicas, e elas estão na Terra para evoluir e progredir executando estas regras fundamentais dadas a Moisés pelo Criador. Os últimos seis mandamentos instruem o Homem a não obstruir ou impedir outras almas de concluirem seus propósitos."

Eu olhei para o Elias. Ele abaixou sua mão direita, colocou ao seu lado e curvou a cabeça. Eu sabia que tinha acabado, e me senti calmo e em paz.

Eu estava apenas começando a processar o que eu tinha escutado, quando o feixe de luz lentamente nos levantou e transportou de volta para o longo corredor branco do palácio branco, onde o Elias finalmente soltou o meu braço. Nós passamos pelo pátio, voltamos pelo muro da torre, caminhamos pelo jardim e tomamos nossos lugares em cada lado da mesa branca.

Eu esperei o Elias falar. Ele sentou com as mãos em cima da mesa de mármore branco, uma mão em cima da outra, e os olhos fechados. Finalmente, ele disse, "Submeter-se aos Dez Mandamentos é uma das coisas mais significantes que a humanidade pode fazer para se tornar melhor." Então ele levantou, virou em direção ao palácio e se foi.

Eu não senti medo; eu apenas queria ficar lá, naquele lugar mágico, para ouvir mais, aprender mais. Então, eu abri os meus olhos e me encontrei de volta no meu cobertor, nas Montanhas Troodos, sob a sombra de um pinheiro. Eu olhei para cima, para o limpo céu azul acima de mim; a luz do sol caía sobre a montanha na minha frente; ao longe, eu podia ver a praça central de Omodos zunindo com visitantes.

Eu sentei, recostando no tronco da árvore e continuei a ler "Parashat Yithro", na linha em que o meu dedo pousou, versículo 17: "Não tenham medo", disse Moisés para o povo. "Deus veio apenas para fazê-los crescer. O medo Dele então estará em seus rostos, e vocês não pecarão."

Eu fechei o livro e pensei sobre o que o meu Professor Espiritual Elias, o Profeta, tinha acabado de me ensinar. Encaixou-se tão bem naquele versículo; fez perfeito sentido.

Se ao menos todos os homens e mulheres pudessem ter consciência de suas almas, poderiam se conectar com elas e seguir as dez regras que o Criador deu a Moisés – "Deus veio apenas para fazê-los crescer. O medo Dele então estará em seus rostos..." – então toda a humanidade evitaria fazer errado – "e vocês não pecarão."

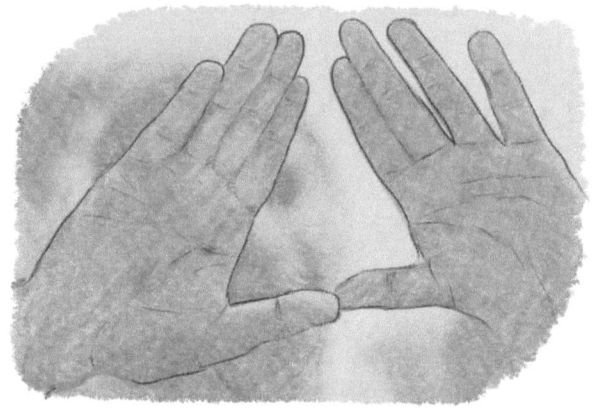

Capítulo Sete:

O Papel da Complementação dos Opostos

~~~ —— ~~~

Como os outros, eu tenho tido a minha parte de felicidade e tristeza. A coexistência do positivo e negativo, juntamente com o bom e o mau, preocupa muitas pessoas. Por gerações, as pessoas têm assistido a dança da gangorra da luz e da escuridão, como as ondas dos oceanos vazando e fluindo na costa. Como é vivermos em um mundo de opostos? Qual é o propósito disso? Por que experimentamos altos e baixos? Qual é o papel do mau? Estas eram perguntas que me deixavam perplexo.

~~~ —— ~~~

"O Novo Mundo": Sinfonia No. 9 (Dvořák)

Eu estava dirigindo pela chuva congelante, em uma escura rua coberta de gelo do centro de St. Louis. Por que estaria eu tão disposto a abrir mão de sentar no meu confortável apartamento para me arriscar dirigindo em uma tempestuosa noite ruim? Eu simplesmente não podia perder a oportunidade de ir a um concerto da Orquestra Sinfônica de St. Louis, é por isso! Conforme eu dirigia na *Lindell Boulevard* em direção a *Grand Avenue* e no caminho do *Powell Hall*, casa da Sinfônica de STL, eu estava cheio de alegria e empolgação, pois o programa daquela noite era a maravilhosa "*New World Symphony*", de Antonín Dvořák – a Sinfonia No. 9.

Ao lado de Antonio Vivaldi, Dvořák é um dos meus compositores favoritos. De acordo com historiadores de música clássica, Dvořák era fascinado e inspirado pela música Nativo Americana e pela alma ressonante da cultura folclórica Afro-americana. Quando Dvořák escreveu a Sinfonia No. 9, ele incorporou as essências destas duas culturas. Ele usava seus temas como tópicos, durante todo o tempo transformando seus sons característicos em rítmos modernos e gloriosas sinfonias clássicas.

Uma paixão por música clássica se desenvolveu em mim conforme eu crescia, mas foi plantada na minha alma há muito tempo, durante a minha infância, quando eu vivi no kibutz. Todas as noites, por volta das 9 horas, Shaul, meu carismático padrasto italiano preparava um forte expresso aromático e o servia em duas pequenas xícaras brancas de porcelana, uma para ele e outra para mim. Ele passava levemente o creme do topo de uma jarra cheia de leite fresco e mexia delicadamente em cada xícara de expresso. O meu padrasto tinha muito orgulho do seu café. Eu agora sei que não é muito apropriado para pessoas de dez anos de idade tomar expresso, especialmente à noite, mas eu simplesmente adorava esse ritual. Além disso, ele sempre adicionava creme extra na minha xícara.

"Doobusie", ele me chamava. "*Andiamo*, está na hora da ópera." Ele então se sentava perto do rádio, no seu sofá velho de couro marrom favorito, enrolado no seu roupão de flanela verde. Eu me sentava no carpete, aos pés dele, com a minha xícara de expresso nas mãos e juntos mergulhávamos em uma encantada hora de ópera. O meu padrasto era trabalhador; ele era o faz-tudo do kibutz, consertava móveis quebrados, e portas e janelas soltas, construía brinquedos para as crianças cujos pais não podiam comprar novos. Ele ajudava a todos, além de sua obrigação. Nós não éramos muito ricos, mas o meu padrasto estimava aqueles poucos momentos de prazer a cada noite, e foi um hábito que eu peguei dele, assim como sua paixão por um expresso forte!

Ele gostava de todo tipo de música clássica, sobretudo ele amava ópera. A sua favorita era *Madame Butterfly*, de Puccini. Eu ainda posso imaginá-lo vividamente deitado naquele velho sofá marrom, seus braços conduzindo apaixonadamente a orquestra invisível, seus olhos fechados, seu corpo cedendo ao abraço quente daquele couro velho e um sorriso encantado, espalhado em seu rosto, assim que a transmissão noturna da ópera começava. As vozes vibrantes misturavam-se em perfeita harmonia com os sons noturnos da natureza que preenchiam a nossa sala.

Além da ópera da noite, eu amava escutar o rádio nas manhãs de sábado por algumas horas, quando o Musical Semanal do Riddle era transmitido pela Kol Israel. A cada semana, ouvintes eram desafiados com um enigma musical – um pequeno trecho de uma peça clássica. Então eles tinham que dizer o nome do compositor e da peça, e ligar para a estação de rádio com as respostas. Todo sábado, quatro membros da orquestra do nosso kibutz, o Quarteto de Givat Brener do Kibutz, juntavam-se para tentar resolver o enigma. Naturalmente, o meu padrasto e eu tentávamos resolver esse enigma também – bem, principalmente ele - e nós nem sempre éramos bem sucedidos. Mas a nossa casa ressoava com orgulho e alegria, cada vez que a equipe do nosso kibutz respondida corretamente - e eles ganhavam com muita frequência.

Naquelas manhãs de fim de semana, eu era introduzido a maravilhosas obras-primas como *Four Seasons*, de Vivaldi, Sinfonia No. 9, de Mahler, Sinfonia No. 9, de Dvořák ("New World"), Sinfonia No. 3, de Beethoven ("Eroica"), e tantas outras. E assim aconteceu , durante aquelas serenas horas musicais, sementes foram plantadas em minha alma, sementes de paixão e de devoção à música clássica. Portanto, o tempo congelante não iria me afastar daquela obra-prima de Dvořák.

Evidentemente, eu não era o único encorajado por folhas de chuva gelada. A entrada do Powell Hall se parecia com o Palácio de Versailles – fileiras deslumbrantes de lustres de cristal, com fileiras de velas penduradas em um teto de gesso ornamentado, sob as quais um público ansioso, de parede a parede, devotos da música clássica, esperava. O auditório quente parecia um conto de fadas da nobreza francesa; acima do público, uma grande cúpula com padrões ornamentados pintados na folha de ouro dominava o teto; os corrimões da varanada tinham pequenas cortinas que eram cobertas com veludo vermelho.

Eu relaxei na minha poltrona e esperei, cheio de expectativa pelo iminente concerto. O primeiro violinista, o violoncelista e todos da seção de sopro tranquilamente pisaram no palco e sentaram-se para começar a ajustar seus instrumentos. Minutos depois, as luzes do Powell Hall escureceram lentamente; as costas das pessoas endireitadas em suas poltronas, houve algumas tosses de última hora e um sussurro enquanto os telefones celulares eram desligados. O concerto estava para começar.

O silêncio que desce imediatamente antes de um concerto começar é quase sagrado; é um silêncio prodigioso, pressagiando algo grandioso. O aplauso arrebatador abriu aquela noite, assim que o maestro pisou na frente da orquestra, encarou o público e, curvado, então virou para a orquesstra. Ele levantou a sua batuta, acenou ao primeiro violinista, e o som harmonioso das cordas tocando o primeiro movimento da sinfonia preencheu o salão.

Adágio

Eu me senti relaxado, respirei tranquila e profundamente e fechei os olhos, como eu sempre faço quando eu quero apreciar a música completamente, sem nenhuma distração visual. Dentro de segundos, eu mergulhei em um oceano profundo de vibração e som, e senti como se eu estivesse dentro dos sons - arredondado e tubular, com o rendilhado das cordas – o que me levou a uma sinuosa e assombrada viagem. As ondas do som encheram o meu ser inteiro e me levantaram, onde eu me uni com os sons elevados da flauta, cujas notas tocaram no teto ornamentado e calmamente se estabeleceram no público extasiado. Os tons baixos dos oboés vibravam através do chão e eu quase podia sentir a madeira dos instrumentos emitindo aqueles sons ao meu coração.

De repente, o Powell Hall dissolveu-se em uma névoa, e eu me encontrei na familiar neblina do Mundo Branco, parado na frente do gigante portão de mármore branco. Eu estava hipnotizado, e foi com grande expectativa que eu entrei pelo portão aberto no jardim e sentei no banco branco para esperar o Elias aparecer. Enquanto eu esperava, eu olhei ao meu redor. A mais surpreendente paisagem, que eu nunca tinha visto. As exuberantes flores brancas das orquídeas gigantes enfeitavam a área ao lado do portão; à minha direita, encarando o palácio, eu vi rosas com pétalas em formato de coração; perto da mesa de mármore branco, eu notei pequenas plantas brancas no formato de tulipas, suas pétalas regadas com flocos de neve que pareciam sair dos seus centros. O jardim parecia real, vivo, cheio de energia cinética, no entanto era extremamente calmo e pacífico. Não havia céu e sol, e não havia nenhum som. Tudo o que eu podia ouvir eram os últimos acordes de "Adágio", de Dvořák.

Largo

Eu fui embutido de um imenso sentimento de felicidade, enquanto a calma me banhava, como se eu tivesse sido regado pela luz cristalina. Eu sentia o meu corpo inteiro iluminado. Então eu o vi.

Elias veio em minha direção de uma distância grande, e então ele rapidamente estava do meu lado. Eu tive uma sensação de que ele estava flutuando na onda invisível de som das clarinetas da sinfonia. Os meus olhos fecharam em reverência, e uma intenção se formou profundamente dentro de mim de deixar todos os meus sentidos se conectarem a sua divina visão e som. Como se Elias tivesse lido a minha mente e soubesse das minhas perguntas não respondidas, ele começou a falar em tom medido.

"Todos os opostos – a luz e a escuridão, o bem e o mal – existem na Terra por uma razão maior. Este princípio é fundamental na natureza." Elias soou como se ele estivesse sentado no outro lado da mesa. Eu abri os olhos para vê-lo descansando suas mãos na grande mesa branca. Ele estava com os olhos fechados e eu rapidamente fechei os meus outra vez.

"Sim, eu sei o que vocês pensam", ele continuou. "Vocês aprendem a apreciar o bom experimentando o mau, mas na verdade não há muito que fazer com os humanos. Tem um destino inteiro a fazer com a própria natureza."

Eu mantive os olhos fechados, percebendo que a minha habilidade de ouvir e de me concentrar estava intensificada.

"Para que a natureza se sustente, evolua e permaneça viva, ela precisa dos opostos que se complementam, um movimento cíclico, uma rotação daqueles opostos", Elias continuou. "A natureza precisa da luz e do seu complemento, a escuridão. Para progredir, a natureza também precisa do amor e da bondade, e dos seus opostos, o ódio e a crueldade. A criação e a destruição são essenciais para a natureza como um todo, mais especificamente para fornecer um caminho para os seres humanos progredirem. A criação e a destruição são os elementos básicos sobre os quais a natureza é construída, e todos os outros opostos - luz, escuridão, molhado, seco, bem, mal – são apenas partes do espectro do ciclo da criação-destruição."

Ele pausou, permitindo-me digerir o que eu acabava de ouvir, antes de continuar. Um ser humano é parte da natureza, eu pensei. Os humanos podem transcender a natureza porque têm uma mente racional. Nós, humanos, temos dias ruins e dias bons. Nós todos temos coisas boas em nós, mas também temos lados escuros. Eles são as partes do todo, partes de quem nós somos.

"Aqueles opostos são certamente essenciais e se complementam" Elias disse, lendo a minha mente, como de costume. "Para que a natureza exista e evolua, deve abranger ambas as polaridades, criação e destruição, e a fim de se nutrir, cada coisa viva deve também abranger os dois elementos essenciais. O fogo pode te queimar e te manter quente em noites frias, mas o fogo pode também queimar fora de controle e causar a morte e a destruição. É o mesmo com a água, um elemento essencial para todas as formas vivas, mas a água também pode ser devastadora."

"Todos os opostos – a luz e a escuridão, o bem e o mal – existem na Terra por uma razão maior. Este princípio é fundamental na natureza." Elias soou como se ele estivesse sentando do outro lado da mesa. Eu abri os meus olhos para vê-lo descansanado suas mãos na grande mesa branca. Ele estava com os olhos fechados, e eu rapidamente fechei os meus outra vez.

Scherzo

Não pode ser tão simples, eu pensei, e abri os meus olhos. A natureza sempre tinha parecido mais complicada para mim. Eu olhei para o Elias. Seus olhos estavam fechados, e o seu rosto irradiava imensa glória; suas mãos deitavam pacificamente no topo da mesa de mármore branco, em sua frente. Em sua presença, o fundo sempre desaparecia; ele preenchia a cena toda.

"Correto, não é tão simples", eu ouvi o Elias dizer. "Complementar um ao outro não significa que eles existam separadamente um do outro. Pelo contrário, dentro de todo mau, há alguma bondade; em cada luz, há uma escuridão; em todo o ato de loucura, há alguma medida de bom senso. Nada é apenas luz ou escuridão; nada é completamente bom ou mau. Quando você ouvir o riso, você pode também detectar o som da aflição."

Ele parou de falar. Tudo que eu podia ouvir era o som das cordas da orquestra e as flautas ecoando por um triângulo. Eu olhei para o rosto de Elias e fui superado por sua divindade majestosa. Então ele abriu os olhos, dois diamantes negros brilhantes irradiados com sabedoria, e ele olhou direto nos meus. O meu peito apertou; eu mal conseguia respirar. E então eu senti uma enorme corrente de energia fluir daqueles olhos notáveis, lavando o meu corpo interno e externo com bondade celestial. Eu ainda não conseguia respirar ou me mover. Eu senti como se eu tivesse sido preso por algum poder incrível, o tempo todo sentindo sua bênção celestial.

Allegro

"Coloque as suas mãos na sua frente," Elias ordenou, "com as palmas viradas para mim, com seus polegares apontando um para o outro e ambos os dedos indicadores para cima, sem se tocarem. Dê forma a um triângulo de topo aberto, com os seus dedos polegares e indicadores."

Eu obedeci. Silenciosamente, eu estiquei as minhas mãos na minha frente, na altura do ombro e com as palmas das minhas mãos viradas para o Elias, eu formei um triângulo de topo aberto. Através do triângulo, eu podia ver os olhos brilhantes do Elias.

De volta ao salão do concerto, o som da trombeta dominava as cordas da sinfonia naquele exato momento.

Elias fechou os olhos. "Agora, isso é tudo o que a natureza é", ele disse. "As suas mãos estão fazendo a forma de um triângulo de topo aberto, um símbolo dos três elementos principais da natureza. Um lado, a base do triângulo na parte inferior, é a fonte de onde todas as coisas vivas se originam, e cada lado do triângulo representa outros dois elementos, os opostos - positivo e negativo. A base do triângulo, onde os seus polegares dão forma a uma linha firme, fornece uma sustentação forte a todos outros componentes da natureza. É a fundação que inicia os elementos de toda a natureza, e continua compartilhando-os, conforme eles evoluem. E enquanto os elementos da natureza evoluem, enquanto podem ser diferentes, eles permanecem conectados através da base, já que todos compartilham das mesmas necessidades básicas. Eles não serão capazes de se manter evoluindo, a menos que sigam as diretrizes orientadoras da natureza, que estão escritas na fonte. Em cada lado do triângulo, marcados por seus dedos indicadores, estão os opostos, as entidades complementares na natureza. Um lado é o positivo e o outro lado é o negativo. Ambos compartilham a fonte, onde todos são iguais e onde tudo se origina, mas conforme a natureza evolui, estas entidades complementares formam um triângulo quase perfeito. A distância entre o positivo e o negativo torna-se menor, como se ansiosos para unirem-se, mas nunca irão. Eles permanecem entidades definidas, exclusivamente, positiva e negativa."

Capítulo VII

Fascinado, eu olhei para as minhas mãos, mas antes que eu pudesse dizer qualquer coisa, Elias continuou, "A posição das suas mãos forma uma representação do que a natureza é. É dentro desta forma perfeita que as coisas vivas existem, e onde as necessidades básicas são compartilhadas, contudo, ao mesmo tempo são diferentes e complementam umas às outras. Eles são, cada um, bem definidos e, no entanto, dependentes. Consequentemente, estes elementos vivos podem continuar aperfeiçoando-se, e assim como os seus dois dedos indicadores estão quase se tocando para fazer um triângulo perfeito, assim as formas vivas continuarão a evoluir para sempre, enquanto o positivo e o negativo permanecerão exclusivamente entidades definidas."

Elias pausou, como se esperando pela minha resposta. Eu coloquei as minhas mãos na grande mesa branca e fechei meus olhos para me ajudar a assimilar o ensinamento dele.

É tão irônico, eu pensei comigo, que nós lutamos para ser felizes, contudo a tristeza é tão importante para o nosso autodesenvolvimento, e que nos esforçamos para satisfazer os nossos desejos, contudo, quando falharmos nesta conquista, isso representa um papel significativo em nosso crescimento. Eu abri os meus olhos. Elias tinha desaparecido, e eu me encontrava sozinho naquele jardim celestial. Eu sabia que eu tinha que voltar para o Powell Hall.

Eu lentamente retornei ao salão do concerto nos últimos tons de "Allegro," o movimento final da sinfonia *"New World"*, que estava sendo tocada, e assim que começou o fervoroso aplauso.

Eu abri os olhos e me juntei ao público no aplauso em pé. O meu corpo inteiro estava tremendo, enquanto a minha mente continuava a processar a viagem que eu tinha acabado de vivenciar. Eu olhei para cima, e por alguns segundos, eu vi um funil enorme, seu topo cercado pela nuvem branca e seu fundo pendurado bem em cima da minha poltrona. Mas ele evaporou no brilho da luz quente dos candelabros de cristal do Powell Hall.

Qual era a importância da sinfonia No. 9 de Dvořák em me ensinar sobre o papel dos opostos complementares? Será que eu descobriria? Eu certamente senti que havia uma finalidade para isso e para a minha presença naquele concerto, naquela noite em particular.

Não obstante a conexão com o Dvořák, eu agora compreendi que o bem e o mal têm papéis igualmente significativos para representar na natureza e no desenvolvimento humano.

Nós todos confiamos e compartilhamos da mesma fundação básica - vivemos em um conjunto de regras comuns – mas para concluir a finalidade individual da nossa alma, cada um de nós necessita caminhar através da luz e da escuridão. Precisamos vivenciar ambos o bem e o mal, e somente depois, através do movimento cíclico, através da rotação dos opostos, nós continuaremos a evoluir.

"Suas mãos dão forma a uma representação da forma que a natureza é. É dentro desta forma perfeita que as coisas vivas existem, e onde as necessidades básicas são compartilhadas, contudo, ao mesmo tempo são diferentes e complementam umas às outras. Eles são, cada um, bem definidos e, no entanto, dependentes."

Capítulo Oito:

Predizendo a Verdade

~~~ — ~~~

Desde o alvorecer da humanidade, os fenômenos místicos, divinos e sobrenaturais têm nos fascinado. Incapaz de racionalizá-los ou explicá-los, alguns dizem, "Deus age de maneiras misteriosas", outros reivindicam, "Tudo vem de Deus."

O Sufismo, a Cabala e o misticismo, dentro da religião, têm sempre me fascinado. Durante a minha infância no kibutz, estar perto da natureza era a minha maneira favorita de passar o tempo, ou tomando conta das minhas abelhas e pombos, brincando com os meus cães e coelhos, ou vagando na floresta de eucaliptos, ou caminhando através dos laranjais. Viver no campo estimulou sentimentos em mim que eu não experimentei em nenhum outro lugar. Eu sentia alegria interna, uma proximidade e conexão com algo puro e extremamente poderoso, mas era algo que, como criança, eu não poderia compreender.

Conforme eu cresci, eu procurei, li e discuti um grande número de ideias e percepções com pessoas de mesma opinião, que eu encontrei nos *worshops* de xamanismo e na Índia. Quanto mais eu mergulhava no reino místico das filosofias antigas, mais eu percebia quão pouco eu sabia, e quanto mais havia para ser explorado.

Adivinhação

Em uma manhã quente de primavera, numa sexta-feira, eu comecei o meu longo passeio de St. Louis, Missouri à Washington, ansioso para comparecer a um *workshop* de adivinhação xamânica avançada. Aproximadamente um mês antes, o meu bom amigo Dana tinha me enviado um convite. O tópico de adivinhação xamânica me empolgava, e eu tinha me registrado imediatamente para este evento de final de semana.

Já tinha passado um tempo desde "Morrer e Além", o último *workshop* xamânico que eu tinha comparecido no alojamento Pine Tree, próximo a Washington. Desde então, eu viajei incontáveis vezes para membros da minha família, para amigos, para desconhecidos, mas eu me recordei claramente daquela primeira viagem hipnotizante para o meu falecido pai, que aconteceu quando eu estive pela última vez no alojamento Pine Tree. As oportunidades de desenvolver a minha prática xamânica e de encontrar com o meu caro amigo Dana, mais uma vez me deixaram empolgado. Além de ser uma pessoa maravilhosa e um bom amigo, o Dana é um facilitator notável, e eu fui inspirado por seu compromisso e dedicação à prática xamânica.

O percurso de doze horas foi tranquilo, ao longo da I-70, e os sentimentos incríveis de liberdade e felicidade tomaram conta de mim enquanto eu passava pelos estados de Illinois, Indiana e Ohio. Tarde da noite, eu parei no estacionamento do apartamento do Dana. Ele morava a aproximadamente quarenta mintos da pequena cabana na floresta onde o workshop iria acontecer, e insistiu para que eu ficasse em sua casa. Nós poderíamos tomar o café da manhã e ir juntos para o workshop pela manhã. A chuva leve lavava as árvores do salgueiro ao longo da rua, enquanto eu estacionava o meu carro e batia na porta da casa do Dana.

A presença do Dana encheu a porta, e nós nos abraçamos.

"Venha", ele disse, andando da sala para o seu escritório, onde as largas janelas vistas mostravam um gramado verde inclinado. "Este será o seu quarto para o fim de semana. O sofá pode ser esticado", ele disse, apontando para um sofá de couro preto. "Eu espero que seja bom para você."

"Não se preocupe, meu amigo", eu respondi rindo. "Eu servi no exército, onde eu dormi em alguns lugares horríveis. Isso não pode ser pior do que dormir nas dunas do deserto."

Eu olhei ao redor do quarto. Um tapete velho de casimira cobria metade do piso de madeira, e uma mesa de tampo de vidro estava cheia de revistas Smithsonian. As prateleiras acumulavam livros xamânicos e outros de antropologia, que foram montados na parede sobre a mesa do Dana.

"Este escritório parece o nirvana para mim", eu disse. Nós ambos rimos.

"Eu suponho que você deve estar com fome. O que você gostaria de comer? Que eu me lembre, você tinha um caso de amor com frutos do mar estilo Nova Orleans", ele disse, com meio sorriso e olhos cintilantes.

Eu respondi, rindo, mas fui tocado por ele ter se lembrado da primeira vez que nos encontramos em Nova Orleans.

"Bem, eu nunca vou me esquecer do seu primeiro workshop xamânico. Você veio por boa comida e ficou viciado (foi nocauteado) por xamanismo", ele disse.

"Você mudou a minha vida, Dana", eu disse, olhando bem para ele. "Graças a você, eu vivo uma vida mais significativa. Depois que eu concluí a faculdade, eu entrei no mundo corporativo, e conforme a minha carreira se desenvolvia, eu me afastei da natureza, a minha paixão de infância. Mas agora eu a sinto, vivendo e respirando, como se a natureza estivesse mais perto de mim do que o sangue da minha vida. Existem tantas dimensões coloridas com tamanho significado em nossas vidas, e agora eu vivo um tipo de vida mais profundo em muitas dessas dimensões. O meu mundo é agora muito diferente do que era antes."

"É a você mesmo que você deve ser grato, por estar aberto a esta viagem", Dana disse. "Você entrou neste caminho sem saber nada, mas você deu tudo de si." Ele colocou a mão no meu ombro e sorriu. "Isso pede um jantar especial", ele disse, e virou em direção à cozinha, onde passamos uma noite agradável com deliciosos frutos do mar.

O luar de prata rompia através das nuvens, iluminando a sala, enquanto nós devorávamos o delicioso robalo chileno ao vinho branco e molho de manteiga. Fazia muito tempo que nós não nos víamos, e tínhamos muito para colocar em dia. Nós conversamos por horas sobre as mudanças em nossas vidas, sobre as nossas visões espirituais e nossas esperanças sobre o planeta.

Eu dormi profundamente e acordei com o cheiro de café fresco; os pingos de chuva lavavam a janela do meu quarto. Mais tarde, nós nos sentamos na mesa da cozinha e tomamos uma xícara de café, e então eu ajudei o Dana a levar o material do *workshop* para o carro. Assim que o Dana colocou o cinto de segurança, ele virou para mim e disse, "uma xícara de café não vai dar. Vamos para a First Cup para uma segunda xícara."

Nós seguimos pela rua e estacionamos na frente da First Cup, uma encantadora cafeteria cheia de pessoas locais de pé cedo, em uma manhã de sábado, discutindo o destino do mundo. Alguns espaços estavam disponíveis, e nós deslizamos para uma cabine lustrada de carvalho. Ambos pedimos bolinhos frescos de mirtilo, que nos energizaram, e após alguns goles de café preto fresco, nos últimos minutos, pagamos a conta, agradecemos os proprietários e nos dirigimos à cabana. Foi um passeio tranquilo através de cidades pequenas, lugares que eu nunca tinha visto. É sempre uma bênção ver cidades pequenas pela primeira vez, com o olho puro. A chuva leve estava caindo, lavando as estreitas estradas rurais, enquanto nós dirigíamos em calmo silêncio.

A cabana, cercada por uma serena floresta de carvalho, era um edifício de madeira de um andar com janelas grandes, uma em cada lado da porta da frente marrom. A empolgação e a antecipação borbulhavam dentro de mim, enquanto o Dana entrava no estacionamento da cabana e nós saimos do carro. A luz do sol da manhã nos conduziu à entrada da cabana. Eu parei na varanda, em frente à porta da cabana e virei para olhar a floresta. Eu respirei profundamente o ar fresco e puro da floresta. Eu me senti agradecido por estar cercado de tamanha beleza natural e árvores majestosas de carvalho.

Nós entramos na cabana, uma sala grande com um piso de madeira escura. No início, parecia estar vazia, exceto pelas três prateleiras com alguns livros na parede, à direita. Então eu ouvi as vozes baixas das outras pessoas que estavam lá em grupos pequenos – muitas pessoas já tinham chegado; algumas estavam sentandas no chão, outras estavam encostadas nas paredes. O fogo aceso na lareira em frente à porta enchia a cabana com suave calor.

Eu estiquei o meu cobertor no chão próximo à lareira e sentei lá quietamente, permitindo os meus sentidos se adaptarem aos meus arredores. Eu observei o caderno de capa de couro marrom em cima de outros três livros na frente do Dana, e esperei silenciosamente todos tomarem seus lugares. Os outros participantes esticaram seus cobertores e tapetes e se sentaram, arrumando seus chocalhos e outros ícones ao redor deles. Nós éramos um grupo de pessoas ansiosas para aprender e praticar o xamanismo. Algumas, eu estava encontrando pela primeira vez, outras eram rostos familiares de *workshops* anteriores. Era muito bom estar rodeado de pessoas que compartilhavam da minha empolgação e ansiedade em explorar experiências extraordinárias.

Dana se sentou com as pernas cruzadas em um cobertor vermelho acinzentado do Navajo com tiras amarelas, e acendeu uma vela roxa escura, ao mesmo tempo cantava suavemente canções xamânicas. Eu fechei os olhos e meditei às canções do Dana. Logo, outras vozes se juntaram às canções, timidamente no início, criando sons notáveis que se fundiram juntos como uma brisa macia.

Quando a última canção acabou, Dana, sentado ereto, abriu os olhos e com um sorriso delicado olhou para o grupo, parando às vezes para ler expressões, e sorrindo e assentindo quando via um rosto familiar.

"Bom dia", ele disse finalmente. "O meu nome é Dana, e eu serei o seu facilitator neste fim de semana. Bem-vindos ao *workshop* xamânico avançado de adivinhação. Por favor, apresentem-se. Quem gostaria de começar?"

Havia vinte e uma pessoas na cabana, muitas delas vinham da costa leste; outras tinham vindo da Flórida. Contudo, todos nós compartilhávamos do mesmo propósito. Dana deu então uma introdução curta à adivinhação xamânica.

"A adivinhação é uma forma de revelar a verdade, um caminho para uma compreensão mais profunda dos eventos e circunstâncias que cercam uma situação ou uma pessoa. Em determinadas sociedades fora do ocidente, a adivinhação continua exercendo um papel importante, revelando o que está escondido, facilitando a ansiedade, e ajudando as pessoas a entrar em acordo com circunstâncias desafiadoras que exigem a implementação de decisões difíceis. É também frequentemente usada para compreender o significado de sonhos e visões. A adivinhação sempre foi uma parte integrante do xamanismo. Os participantes de um *workshop* de adivinhação têm a oportunidade de se engajar nas viagens uns para os outros, assim como para si próprios, e de adquirir a experiência de usar diversos métodos xamânicos provados."

A sala estava silenciosa, enquanto acolhíamos o que ele disse.

"Na adivinhação, o papel do xamã é mediar, agir como intermediário", Dana continuou. "Para explorar e fornecer a leitura e interpretação iniciais, o xamã permite que o investigador evite projetar necessidades e desejos pessoais. Uma das tarefas típicas do xamã é viajar na realidade não ordinária, a fim de adquirir respostas às perguntas, a pedido de outras pessoas e para si. Em sua busca contínua para se transformar em pessoas de conhecimento divino, eu vou ensiná-los como se conectarem com a criação divina - com a natureza - como os xamãs têm praticado desde os tempos antigos. Vocês vão interagir com plantas, assim como com espécies de animais, vocês vão utilizar cristais de quartzo, e vocês vão buscar e receber conhecimento revelador de fontes visionárias."

Capítulo VIII

O Mundo Vermelho

Dana pausou e alcançou o seu tambor, uma grande moldura redonda de madeira com couro esticado sobre ela. Ele agarrou o tambor com sua mão esquerda, e na direita segurou um batedor de madeira com uma esfera preta de pano na ponta. Ele começou a bater no tambor delicadamente. Eu imediatamente mergulhei no Mundo Inferior para encontrar os Animais de Poder, meus amigos espirituais.

A água morna e limpa cumprimentou-me, conforme eu parei na borda da grande abertura no fundo do oceano. Eu mergulhei rapidamente através da abertura na corrente d'água e deslizei na pequena piscina arredondada na caverna. Eu saí da piscina e atravessei a porta arqueada, do tamanho do *Hobbit*. O ar nublado da floresta mágica soprou delicadamente no meu rosto, e somente alguns raios de sol romperam a espessa camada de agulhas, dos longos pinheiros. O Urso estava sentando na exuberante grama verde, sua cabeça descansava em suas patas dianteiras. Ele levantou a cabeça e olhou para mim, com grande bondade e sabedoria. Eu estava radiante por vê-lo, sua macia pele branca como a neve reluzente na luz do sol.

Eu não queria sair deste lugar de contos de fadas, mas eu tinha uma viagem a fazer e o Urso deveria ser o meu guia. Eu montei em suas costas de grosso pêlo branco e nós voamos delicadamente pela floresta, na direção da praia. A habilidade do Urso em voar nunca deixou de me surpreender; por maior que ele fosse, era assim tão leve quando voava, me carregando sem esforço para o meu destino. Ele pousou perto dos pés de Hilla, e sentou-se na macia areia branca na beira d'água, exatamente onde as ondas perdem sua força e recuam ao mar aberto.

Hilla sentou-se na praia, suas costas retas, seus cabelos negros como o azeviche escorrendo sobre os ombros como uma cachoeira. Ela não me reconheceu, mas de algum modo eu sabia que ela estava ciente da minha presença e da finalidade da minha visita. Ela olhou para o oceano e observou o Golfinho pinoteando na limpa água verde.

Alguns minutos se passaram em silêncio. Seus longos dedos oliva-escuros tocaram na areia, como se estivesse procurando por jóias. Então ela olhou para mim, com seus lindos olhos em forma de amêndoa, sorriu, e esticou a mão para descansá-la amavelmente na cabeça do Urso.

"O Urso vai levá-lo ao Mundo Superior", ela disse. "Adivinhação é um tópico que você deve discutir com o Elias." Então ela fechou os olhos, cruzou as mãos sobre o peito e voltou para observar o Golfinho.

Mais uma vez, eu pulei nas costas do Urso e agarrei no seu pêlo. Ele sinalizou para eu me aprontar, e então nós voamos para o alto através das camadas grossas das nuvens brancas, para o conhecido reino branco, macio como algodão, do Mundo Superior. Eu caminhei em direção ao palácio branco, um ou dois passos na frente do Urso.

Elias estava parado nos portões gigantes, esperando por nós. Nós paramos a alguns passos na frente dele.

"Desta vez nós não entraremos no jardim", ele disse, e virou para andar em torno da parede alta, à direita.

Após uma silenciosa caminhada curta, Elias parou e levantou sua mão. Eu parei também, querendo saber o que viria a seguir. Ele virou para olhar para nós e sinalizou para que nós o seguíssemos. Eu olhei ao redor, mas tudo que eu podia ver era uma névoa leitosa-branca. Nós iríamos deixar a camada branca! Eu suspirei. Eu nunca tinha deixado o Mundo Branco para viajar para outro. Entretanto, eu sabia que, com o Elias, esta seria uma viagem maravilhosa. Desta vez, o Urso veio a mim e esperou pacientemente eu montar em suas costas. Nós seguimos o Elias, assim que ele levantou a cabeça e mãos e voou em linha reta.

Nós passamos por diversos planetas, viajando através de vibrantes camadas de cores diferentes. Nós finalmente pousamos no último planeta – o vermelho. Eu estava mais que abismado! Eu olhei ao meu redor. Os meus sentidos foram preenchidos com a presença de uma cor vermelha muito forte, irradiando um poder que eu nunca tinha visto ou experimentado antes. Parecia como se eu estivesse no coração de um fogo intenso que não estava quente, e que não fazia nenhum som, mas que estava vivo, em movimento. Era completamente o oposto da tranquilidade do Mundo Branco. O Mundo Branco era um mundo sem movimento; o Mundo Vermelho era de um movimento fluindo interminavelmente.

Capítulo VIII

Elias parou lá, calmamente me observando, esperando eu me recuperar. Uma vez recuperado, nós andamos nesta macia e afagadora, contudo poderosa superfície vermelha. Em um ponto, Elias parou e se sentou em o que parecia ser uma pedra grande. Tudo em nossa volta estava impregnado em um magnífico e profundo vermelho. O Urso não parecia afetado pelos arredores vermelhos e parou silenciosamente perto de mim. Eu esperei para ver o que aconteceria em seguida. O efeito deste silêncio poderoso e a energia do vermelho eram incríveis! Eu me senti humilde, contudo destemido, e fortes emoções percorreram pelo meu corpo. Eu sabia que eu tinha que ser paciente e esperar o Elias expilcar a finalidade da viagem ao Mundo Vermelho.

Depois de um tempo, ele virou para mim. Seus olhos escuros, brilhando como dois raros diamantes negros, perfuraram o núcleo do meu ser.

"O que você vê?", ele perguntou.

Eu fui pêgo de surpresa; não havia nada ao meu redor, a não ser tons de vermelho.

"Tudo o que eu vejo é vermelho." Eu disse, depois do que pareceu como horas.

Elias sorriu radiante e olhou para cima, então disse, "Olhe bem – bem fixamente. Não olhe apenas com os olhos."

Eu olhei para cima. Eu pensei que tinha entendido o que ele quis dizer.

"Os seres humanos normalmente olham para um objeto", Elias continuou. "Usam os olhos e a mente para analisar tudo em torno deles e formar uma imagem disso. Este é o seu sentido natural de enxergar. Entretanto, olhar através de um objeto não é uma maneira comum de observação. Usando este método, você deve olhar não com seus olhos e a mente, mas com a sua alma, usando-a para superar as limitações da sua mente e do mundo tridimensional. Somente então você pode genuinamente experimentar o significado completo do ver, sentir, e de ser uma parte integral daquilo que você observa. Somente então pode você se conectar à alma do objeto." Ele ficou em silêncio, olhou de relance para mim por um segundo, e então fechou os olhos.

Eu olhei para cima, diretamente para o vermelho enevoado, permitindo-me ser absorvido por esta cor poderosa, tentando fazer parte dela, para unir-me a ela, para ser um com o meu ambiente inteiro. Eu fiquei lá, me sentindo gradualmente extinto, permitindo que o vermelho assumisse o controle sobre mim, para me consumir. Lentamente, eu comecei a me sentir derretendo. Era como se eu estivesse perdendo todo o sentido de mim mesmo, já que o meu corpo e mente transformaram-se em partes orgânicas desse imenso universo vermelho.

~~~ — ~~~

"O que você vê?", ele perguntou.
Eu fui pêgo de surpresa; não havia nada ao meu redor a não ser tons de vermelho.
"Tudo o que eu vejo é vermelho." Eu disse, depois do que pareceu como horas. Elias sorriu radiante e olhou para cima, então disse, "Olhe bem — bem fixamente. Não olhe apenas com os olhos."

~~~ — ~~~

"No Final Você Alcançará o Começo"

Foi a visão mais magnífica que eu nunca tinha visto na minha vida inteira. As formas vermelhas de serpente flutuavam em um enorme círculo que se abriu na extensão vermelha, bem acima da minha cabeça. A admiração tomou conta de mim. Este círculo e aquelas formas curvas estavam além do meu alcance de conhecimento. Eu nunca tinha visto tais imagens. Eu não conseguia tirar os meus olhos; foi uma revelação hipnótica.

Eu achei que o Elias iria explicar isso e dizer o que aconteceria em seguida, mas ele não disse nada. Ele apenas sentou lá na pedra com os olhos fechados, sua cabeça curvada para o seu peito. Ele não deu nenhum sinal de que pretendia me ajudar a compreender. As formas curvadas no círculo vermelho pareciam serpentes sem cabeça flutuando em um líquido vermelho, envolvendo umas com as outras, contudo nunca se tocando.

"O que eu deveria entender?" Eu perguntei, sabendo que a informação viria somente quando fosse a hora certa.

Então, de repente, eu ouvi uma profunda voz vibrante: "Nós fizemos uma experiência."

Eu sabia que não era a voz do Elias. Esta voz era diferente. Ela só poderia ter vindo desse círculo vermelho, acima de mim. Eu olhei para o Elias. Ele estava apenas sentado lá na rocha, seus olhos fechados, sem se mover. Ele e a pedra eram como um. Atordoado, eu virei para olhar para cima, em direção ao vermelho. Levou um tempo, até que eu pudesse dizer qualquer coisa.

"Que experiência?" Eu finalmente perguntei. "O que isso significa? Quem são vocês?"

"Nós somos o Criador. Nós somos o divino, a fonte de tudo, o amor", a voz respondeu. "Nós criamos o universo, os planetas e a vida sobre eles."

Eu estava sem palavras. Cá estava eu, no Mundo Vermelho, falando com o Criador de tudo.

"Nós fizemos uma experiência", a voz continuou, "Uma experiência em criar organismos diferentes com o intelecto que pode evoluir infinitamente em um único planeta. Nós formamos a raça humana no planeta Terra. Nós fizemos os seres humanos à nossa própria forma. Em seu núcleo do ser, você é como nós, mas com linhas restritas."

Confuso, eu hesitei, mas então eu perguntei, "Linhas de DNA?"

"Sim", respondeu a voz imediatamente. "Com um número limitado de linhas, de tal modo que você poderá se recriar e evoluir em uma direção totalmente diferente."

"Qual direção? Para qual finalidade?" Eu perguntei.

"Nós quisemos criar um planeta autosustentável, que tivesse uma extensão de vida limitada, onde os seres humanos e a natureza coexistissem, onde a vida de todos os seres vivos estivesse em um ciclo natural. Nós queríamos ver se esta forma de vida poderia se desenvolver e ser sustentada sem nós, o Criador, para intervir e controlar. Se esta experiência prosperasse, nós faríamos o mesmo em outros planetas."

"A experiência prosperou?" Eu perguntei.

Foi um pouco antes de a voz responder. "A humanidade está se dirigindo para a total extinção. Nós observamos vocês e vimos que, quanto mais vocês se desenvolvem, mais vocês perdem o contato conosco, com quem vocês são. Conforme vocês progrediram, vocês se tornaram mais destrutivos para vocês mesmos e para o mundo natural ao seu redor. Nós criamos vocês como uma parte pura e integrante da natureza; vocês estão agora muito longe deste estado puro. É como se os seres humanos e a natureza não pudessem estar juntos no mesmo planeta."

"O que acontecerá a seguir?" Eu perguntei. "Qual é o plano agora?"

"Os seres humanos ainda carecem da habilidade de ver sem os olhos, ver além das três dimensões. Logo, entretanto, os seres humanos estarão prontos para nos ver e nós apareceremos."

"Alguns podem ver além, mas muito poucas pessoas podem sentir ou vê-los", eu respondi.

"Certamente, e esta é parte da experiência," a voz respondeu. "Conforme o tempo passa, mais e mais almas estarão aptas a se conectar conosco, enquanto na terra. Como você sabe, o universo inteiro opera em ciclos - assim faz o seu mundo. Nós não deixaremos vocês se destruírem. Nós devemos intervir no estágio certo para trazer sua existência inteira em um estado da serenidade completa, onde todas as formas de vida - natural e humana – sincronizem-se em um ciclo, de volta à maneira em que tudo começou. A raça humana está perto de aprender sobre nós, sobre a experiência e sua finalidade. Então, nós guiaremos a humanidade para o fim, onde todas as formas de vida vivam em harmonia, onde todos os ciclos completem uns aos outros."

"Este será o nosso fim?" Eu perguntei.

"Sim", respondeu a voz. "No final, você alcançará o começo"

Fim

Obrigado por ler!

Caro leitor,

Eu espero que você tenha gostado de Caminhando com Elias, A História de uma Jornada de Vida e de uma Alma Realizada.

Como autor, eu amo feedbacks. Sinceramente, você é a razão pela qual eu escrevi sobre a minha jornada de vida. Então, gentilmente, me diga o que você gostou, o que você amou, e até mesmo o que você não gostou. Eu adoraria ouvir de você. Você pode escrever para: doobie.shemer@gmail.com e visitar-me no website: http://www.doobieshemer.com.

Por fim, eu gostaria de lhe pedir um favor. Como você deve saber, críticas de livros podem ser difíceis de obter nos dias de hoje. Você, o leitor, tem o poder de ajudar os outros a descobrirem este livro.

Se você tiver tempo, por favor, compartilhe a sua opinião usando este link para a minha página de autor na: http://bit.ly/doobauthr

Muito obrigado por ler Caminhando com Elias, A História de uma Jornada de Vida e de uma Alma Realizada, e por passar o seu tempo comigo.

Gratidão,
Doobie Shemer

Também por Doobie Shemer:

Sprouted Soul: Whole-Souled Poems

É uma coleção de poemas sinceros,
Para a paz interior, para os momentos de tristeza,
Para a felicidade gratificante, para a crença emergente,
Para acalmar a sua alma, para as estações de outono,
Para as esperanças ascendentes, quando lutamos para superar.
Para nutrir, para curar a alma ferida,
Para iluminar o amor místico, para despertar o seu chamado.

http://sproutedsoul.net

Entre em contato com o Doobie:

http://walkingwithelijah.com/

https://www.facebook.com/WalkingWithElijahtheBook

https://twitter.com/Doobie_Shemer

http://www.pinterest.com/DoobieShemer/walking-with-elijah/

www.ingramcontent.com/pod-product-compliance
Lightning Source LLC
Chambersburg PA
CBHW042100290426
44113CB00005B/106